일제침탈사 14
— 바로알기

동양척식주식회사의 토지 수탈과 궁삼면 토지탈환운동

● 이규수 지음 ●

동북아역사재단
NORTHEAST ASIAN HISTORY FOUNDATION

발간사

　일본제국주의의 식민 침탈에서 벗어난 지 75년이 되었지만, 그 역사가 아직도 한일 관계에서 큰 걸림돌로 작용하고 있습니다. 21세기에 들어 일본 정부의 독도 영유권 주장은 점차 도를 더해가고 있으며, 최근에는 일제의 강제 동원 문제와 한국 대법원 판결, 일본군'위안부' 문제 해결 방안 등으로 갈등이 불거졌습니다. 급기야 그 불이 무역 분쟁, 안보 문제까지 옮겨 붙었습니다.

　한일 간의 역사 문제는 우선 '식민 지배'라는 역사를 어떻게 볼 것인가 하는 역사인식에서 기인합니다. 우리는 언제나 오늘날의 입장에서 과거의 역사를 바라보고, 다시 미래로 나아갑니다. 과거 침략의 역사를 미화하면서 평화로운 미래를 얘기하는 것은 불가능합니다. 식민 지배로 인한 잘못을 인정하고 반성하지 않으면 다시 전쟁이 일어날 위험성이 있고, 인권을 존중하지 않는 군국주의 부활을 획책할 수도 있습니다. 따라서 역사를 보는 미래지향적 인식이 필요하고, 이를 한일 양국이 공유해야 할 것입니다.

　다음, 지금의 한일 역사 문제는 '과거'의 '사실'이 명확하게 규명되지 않은 것에서 연유한 점이 있습니다. 해방된 이후, 일제강점기에 대한 개인적인 연구는 다수 이루어졌으나, 학계나 정부 차원에서 식민 지배의 실상을 체계적으로 연구 정리하고, 관계되는 자료집을 모아 정리하지 못하였습니다. 지금까지 항일, 독립운동사에 대한 연구와 자료집은 많이 출간되었지만, 일제의 통치 자체를 정리하지 못한 것입니다.

　또한 일제의 식민 침탈의 실상을 국민에게 알리고 교육하는 것도 체계적이지 않았습니다. 초등학교에서 고등학교에 이르는 학교의 역사교육은 나름

대로 성과가 있었지만, 일반 시민교육에는 사실 무관심하였습니다. 그러자 최근에는 일제의 한반도 강점과 식민 지배로 인한 피해를 부정하는 인식 아래 일제강점기에 한반도가 근대화되었고, 수탈이나 강제동원은 꾸며진 이야기라고 주장하는 책이 시중에 나오기도 했습니다. 역사인식이 명확하지 않았던 일부 국민들이 여기에 호기심을 가졌고, 또한 이를 넘어 찬동하는 사태도 일어났습니다. 이런 책에서 부정한 것은 일제 침탈의 역사뿐만 아니라 항일독립운동의 역사, 나아가 우리 민족사 전체입니다.

우리 학계는 일찍부터 일제 침탈의 역사를 체계적·객관적으로 정리해야 한다는 점을 잘 알고 있었지만, 차일피일 미루다가 너무 많은 시간이 흘렀습니다. 이에, 더 늦기 전에 우리 재단이 중심이 되어 한국 학계의 힘을 모아 일제침탈사 연구를 집대성하고, 관련된 자료를 수집하여 체계적으로 정리하고, 일제 침탈 실상을 바로 알리기 위한 국민 대상의 교양서 발간을 기획하게 되었습니다.

2020년부터 사업을 시작하였고, 앞으로 몇 년에 걸쳐 이를 수행할 예정입니다. 일제침탈사 편찬사업은 크게 세 부분으로 나누어 (1) 일제 침탈의 전모를 학문적으로 정리한 연구총서(50권), (2) 문호개방 이후 일제 강점기에 이르는 기간의 일제침탈 자료총서(100여 권), 그리고 (3) 일반 국민이 일체 침탈을 올바르게 알 수 있는 주제를 쉽게 풀어쓴 교양총서(70여 권)로 구성하고자 합니다.

그동안 일제의 침탈상을 밝히려는 연구가 없었던 것은 아닙니다. 관련 자료집도 여러 방면에서 편찬된 바 있습니다. 그러나 모든 분야를 망라하여 학계의 연구 성과를 종합하고 관련 자료를 편찬하는 일은 이번이 처음입니다. 무엇보다 일반 시민들이 과거 제국주의 시대 우리가 겪었던 침략과 수탈의 역사를 또렷하게 직시할 수 있게 하는 종합 자료집은 드물었습니다. 따라서 정치·경제·사회·문화 등 모든 방면에 걸쳐 침탈의 역사를 알기 쉽게 기록하고 그에 대응한 자료를 모아 번역함으로써 시민들에게 일제 식민 지배의 실체와 침탈의 실상을 전하고자 합니다.

2021년 3월
동북아역사재단 이사장

차례

발간사 • 2

들어가며 • 6
1. 궁삼면의 위치와 유래 • 10
2. 영산강의 보고, 궁삼면 • 16
3. 경저리와 궁삼면 • 21
4. 고등재판소와 궁삼면 • 26
5. 경선궁장토와 궁삼면 • 31
6. 임시 제실유 및 국유재산조사국과 궁삼면 • 35
7. 일본의 국책회사, 동양척식주식회사 • 43
8. 동척의 궁삼면 토지 수탈 • 47
9. 궁삼면 토지 경영과 이민 사업 • 52
10. 토지 소유권 확인 소송 전개 • 60
11. 3·1운동과 궁삼면 • 69
12. 궁삼면 농민회와 토지회수운동동맹 • 76
13. 동척의 회유와 소작료불납동맹 • 81
14. 토지 문제의 사회화 • 88
15. 궁삼면 토지 문제 '해결안' • 95
나가며 • 100

참고문헌 • 105
찾아보기 • 106

들어가며

　러일전쟁에서 승리한 일본은 한국에 대한 척식, 즉 개척과 식민을 통해 본격적인 한국 강점 준비 작업에 들어갔다. 일본인 상인과 지주들은 '군대보다 자본가의 임무가 더 중요하다'는 기치 아래 대거 한국에 건너와 토지 침탈과 지주 경영 및 일본 농민의 이민 사업을 적극 추진했다. 일본인 이민을 한국의 각 지방에 침투시켜 한국 농업을 장악할 인적 기초로 삼고, 동시에 일본의 식량과 인구 문제를 해결하기 위해서였다. 당시 한국 각지에는 개항장을 중심으로 그 주변에 일본인 농사조합과 농업회사들이 설립되었는데, 일본은 이에 만족하지 않고 국책회사인 동양척식주식회사(이하 '동척')를 설립했다.

　동척은 1908년 12월 일본 정부의 특권을 배경으로 이민 사업을 목적으로 설립된 국책회사이다. 동척의 임무는 한국에서 토지를 합법적으로 취득하고, 이 토지에 일본인 농업 이민을 이주시켜 식민지 지배를 위한 인적·물적 기반을 확고히 다지려는 것이었다. 동척은 설립과 동시에 토지 매입에 착수했다. 한국 정부의 출자지 양도는 주식의 분할 불입에 대응하여 4회에 걸쳐 이루어졌다. 동척이 매수한 토지 규모는 1909~1913년도 총독부 명령으로 중지될 때까지 함경북도를 제외한 한국 전역에 걸쳐 누계 약 4만 6천 정보(매수가격 약 1천만 원)에 달했다.

그러나 동척은 당초 예상과는 달리 순탄한 길을 걷지 못했다. 궁삼면 토지 수탈 사건과 같이 토지 매수 과정에서 수많은 분쟁을 일으켰고, 이에 대한 한국인의 저항은 거셌다. 동척은 식민지 지배의 상징이며 저항의 표적이 되었다. 동척이 막대한 운영 자금을 확보했음에도 불구하고 토지 매수가 중지된 것은 경작권을 지켜내려는 한국 농민의 치열한 저항 때문이었다.

일본의 한국 강점은 의병운동에 대한 일본군의 진압과 동시에 강행되었다. 동척 설립 이후 시작된 농업 이민도 일본군의 점령지에 분산·배치되었다. 그러나 동척의 기대와는 달리 장래 농촌 지배를 위한 중추인 이민은 오히려 반일운동을 재연시키고 농촌 지배의 동요를 불러일으켰다.

동척 이민도 동요했다. 대부분의 농업 이민자는 정착한 농촌에서 자작 경영을 포기하고, 도회지로 나가 상업이나 고리대업 등 농업 이외의 활동에 종사하는 경우가 늘어났다. 특히 동척이 이민 수용지 확보 과정에서 비옥한 농경지를 탈취하자 소작권을 빼앗긴 한국 농민은 이민 반대 투쟁을 격렬하게 벌였다. 동척은 이민 사업이 커다란 성과를 올리지 못하게 되자 경영 방침을 바꾸어 소작제 농장 경영에 주력했다.

동척의 궁극적인 사업 목표는 식민지에서 초과 이윤을 창출하여 일본 국내 자본가 계급의 이익을 대변하고 보장하는 것이었다. 따라서 무모한 사업 확장 과정에서 생겨난 손실을 소작농에 대한 기생지주적 고리대로 수탈을 강화하여 만회했다. 동척 사업의 부진에 따른 손실은 국가 자본의 지원과 식민지 민중 수탈 강화를 통해 보전되었다.

동척은 한국에서의 사업 부진과 일본의 대륙 팽창 정책에 부응하기 위해 회사의 영업 범위를 동아시아 전역으로 확대했으나 중심은 여전히 한국이었다. 이는 동척이 1917년 회사법 개정한 이후 사업 범위를 만주와 남양 등지로 확대했음에도 불구하고, 대부 자금 운용과 주식·채권에 대한 투자에서 여전히 한국이 큰 비중을 차지하고 있었다는 사실을 통해 확인할 수 있다. 한국이라는 교두보를 확보하지 않고서는 일본의 염원인 대륙 진출이 불가능했기 때문이다.

동척은 한국에서 이민 사업이 실패하자 주로 대부금 운용과 주식 투자 등 금융 방면으로 영역을 확대했다. 그러나 사업의 물적 기반이 된 것은 한국에서의 반봉건적 지주 경영이었다. 운영 자금 대부분을 사채나 차입금을 통해 조달하여 재무 구조가 취약했던 동척은 소작농에 대한 반봉건적인 수탈, 특히 고율의 소작료 수입에 의존할 수밖에 없었다. 실제로 동척은 경영 상태가 악화할 때마다 소작농 수탈을 강화하여 손실을 보전해 나갔다. 이런 측면에서 동척의 지주 경영은 한국만이 아니라 동아시아 전역에서 가장 중요한 역할이었다.

궁삼면(宮三面) 토지 문제는 동척이 한국에서 최초로 취득한 매수지로 토지 매수의 실태를 가장 잘 드러낸 사건이다. 궁삼면 토지탈환운동은 조선 후기부터 식민지기에 걸쳐 봉건 지배층과 동척을 상대로 전개되었다. 궁삼면의 토지 분쟁은 봉건 지배층이 불법적으로 궁삼면 토지를 궁방전에 편입시켜 발생하였고, 동척은 농민과 궁가의 분쟁에 의도적으로 개입하여 토지를 확대하는 수법을 사용했다. 궁삼면 토지 문제는 전형적인 동척의 토지 수탈 사례이다.

　농민들은 동척의 토지 매수에 맞서 토지 소유권 확인 소송 및 토지 소유권 청구 소송을 제기하는 등 재판을 통한 토지탈환운동을 전개했다. 그러나 토지조사사업 시기에 이루어진 일련의 재판은 동척의 토지 소유권을 법적으로 확정하는 절차에 불과했다. 동척의 궁삼면 토지 매수와 법적 소유권 획득 과정은 일본인 지주의 토지 집적 과정의 특징을 가장 극명하게 보여 주는 사례이다.

　궁삼면 토지탈환운동은 1920년대 이후에도 지속해서 전개되었다. 궁삼면 사례는 동척의 불법적인 토지 수탈에 대항하여 토지 소유권 자체를 반환받고자 한 토지탈환운동으로 한국농민운동사의 한 획을 긋는 중요한 사건이었다. 수세대에 걸쳐 전개된 농민과 지주, 농민과 관헌의 분쟁, 그리고 지주와 관헌의 폭력성 등 당시 한국 농민의 모든 문제가 궁삼면 농민들의 투쟁으로 나타났다고 해도 과언이 아니다.

1
궁삼면의 위치와 유래

 궁삼면은 행정상의 지명이 아니라 전라남도 나주(羅州)에 위치한 3개 면(面), 즉 지죽면(枝竹面), 상곡면(上谷面), 욱곡면(郁谷面)을 말한다. 3개 면에 '궁(宮)'을 붙여 궁삼면이라 부른 연유는 3개 면의 전답과 가옥, 대지(택지), 묘지, 임야 등이 1897년에 신설된 경선궁(慶善宮)의 궁장토로 편입되어 농민들이 그 전호(佃戶, 소작인)가 되었기 때문이다. 경선궁은 명성황후 시해 사건(1895) 이후 고종이 순빈엄씨(일명, 엄상궁)를 위해 창건한 궁방이었다. 3개 면이 궁장토로 편입된 경위는 궁삼면 토지 문제가 발생한 원인이기도 하다.
 궁삼면은 1914년에 실시된 행정 구역 통폐합 이후 영산면(榮山面)·왕곡면(旺谷面)·세지면(細枝面)·봉황면(鳳凰面)·다시면(多侍面)으로 분리·통합되었다. 지죽면은 세화면(細花面)과 통합되어 세지면이 되었고, 상곡면은 각각 다시면·영산면·봉황면으로 분할되었다. 그리고 욱곡면은 전왕면(田旺面)·마산면(馬山面)과 통합되어 왕곡면이 되었다. 통폐합 이전에 지죽면은 43개 촌락, 상곡면은 20개 촌락, 욱곡면은 10개 촌락으로 이루어져 있었다.

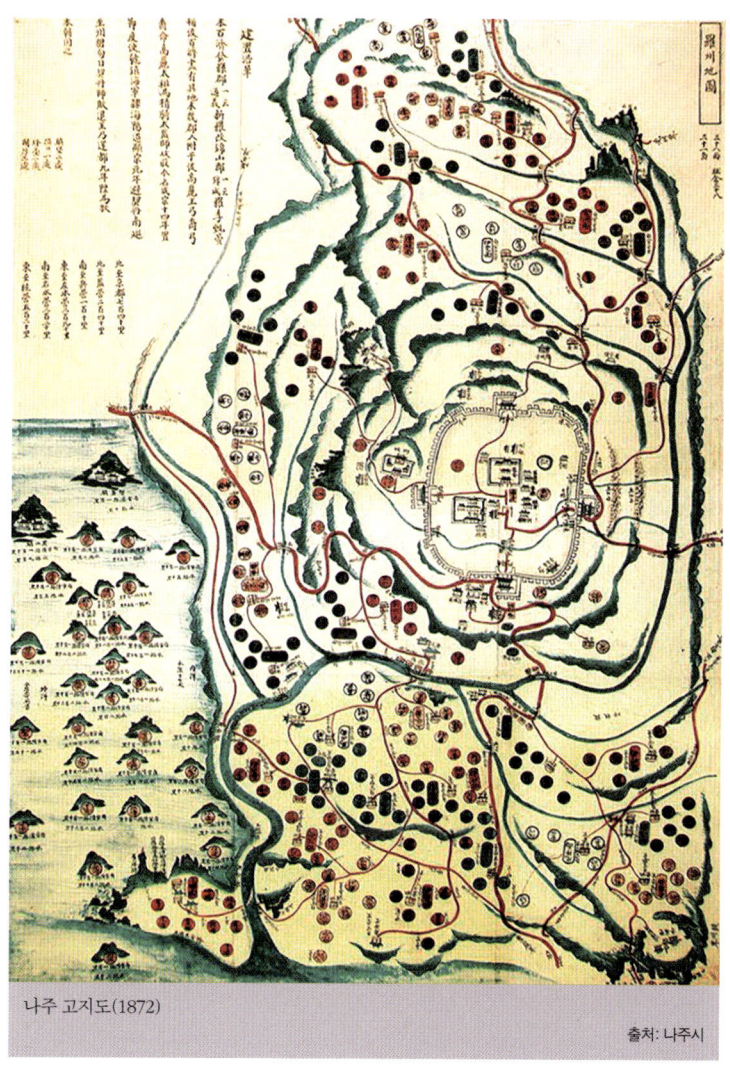

나주 고지도(1872)

출처: 나주시

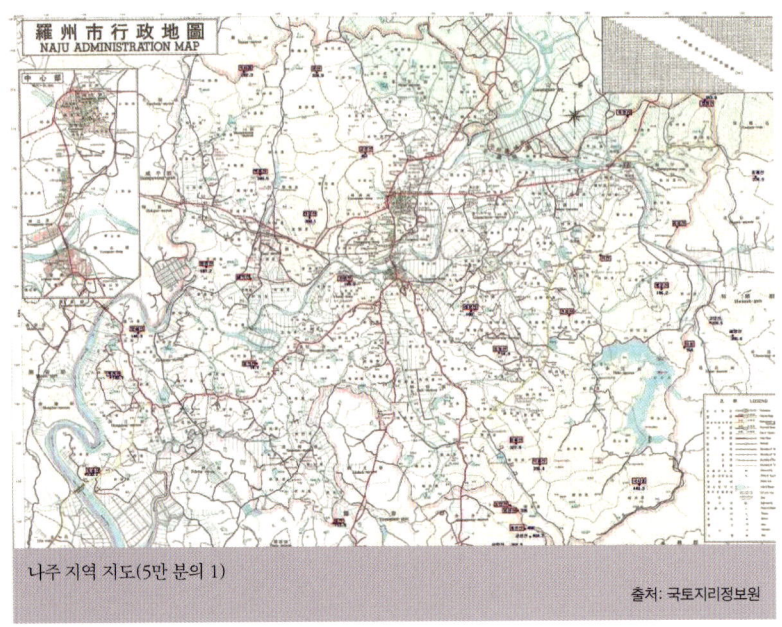

나주 지역 지도(5만 분의 1)

출처: 국토지리정보원

　궁삼면이 위치한 나주는 호남 최대의 비옥한 농경 지대이다. 영산강을 사이에 두고 나주 읍내와 접해 있는 영산포는 조선 초에 조창(漕倉)이 설치되면서 조운(漕運, 배로 물건을 실어 나르는 일)이 발달했다. 조창이란 전국 각 지방에서 조세 명목으로 납부한 미곡을 수납해 경창(京倉)으로 운송하고자 연해나 하천의 포구에 설치해 운영한 국영 창고를 말한다.

　영산강을 통한 교역의 중심지는 영산포였다. 영산포는 조선 중기에는 일시적으로 쇠락했지만, 1897년 목포 개항 이후 내륙의 중심 포구로 다시 주목받았다. 아울러 목포는 러일전쟁 이후 내륙 진출 기지로 활용되었다. 목포와 영산포 간에는 정기 항로가 개설되어 일본인의 진출이 활발했다. 1906년 8월에는 소증기선을 운항하면서 목포와 영산포 간의 정기 항로가 개설되었고, 1909년에는 부산과 영산포를 잇는 직항선이 개설되었다.

영산포 선창에 정박 중인 증기선과 돛단배(1910년대)

출처: 전남역사교사모임

　나주의 경지 면적은 조선 전기에 약 15,000~20,000결(結), 후기에는 약 28,000결이었다. 이 가운데 궁가와 관아가 민전을 사들인 급가매토(給價買土) 또는 개간으로 성립된 둔토(屯土) 등은 총 2,171결이었다. 이는 동척의 토지 집적 대상의 하나인 국유지, 즉 한국 정부로부터 출자한 토지가 다른 지역보다 상대적으로 적었다는 것을 의미한다. 1913년 말까지 한국 정부가 동척에 출자한 토지는 전라남도의 경우 207.4정보로 총 출자지 면적의 1.2%에 불과했다. 반면 경기도는 5,873.1정보, 황해도는 4,384.7정보, 경상남도는 3,883.3정보, 경상북도는 1,589.0정보, 전라북도는 1,201.1정보였다.

　궁삼면의 토지 면적은 어느 정도였을까? 조선 시대의 관련 통계는 명확하지 않지만, 궁삼면 농민들은 미간지 개간 등을 통해 농경지를 확대해 나갔다. 1909년 동척이 궁삼면을 매입했다는 토지매매계약서에 따르면, 지죽면은 12,803.2두락(논 7,290.7두락, 밭 5,512.5두락), 상곡면은 6,492.1두락(논 4,196.5두락, 밭 2,295.6두락). 욱곡면은 5,480.1두락(논 2,925.4두락, 밭 2,554.7두락) 등 총 24,775.4두락(논 14,412.6두락, 밭 10,362.8두락)이었다.

동척은 토지 매수 이후 궁삼면을 실측 조사하며 기존의 두락제를 폐지하고 근대적인 토지 경영을 명분으로 정보제를 도입했다. 이 실측에 따라 궁삼면의 토지 면적은 논 1,166정보, 밭 449정보, 대지 65정보, 임야 잡종지 41정보, 합계 1,721정보였다(1925년 11월 말). 1904년 나주의 총 경지 면

결(結)과 두락(斗落)

토지 1결이란 곡식 1결(300두)을 생산할 수 있는 면적을 말한다. 이는 농가 1가구에 나누어 주기 위한 면적이었기 때문에 '몫'이라고도 부른다. 논에서 수확한 벼 한 줌을 1파(把)라 하고, 10파를 1단(束), 10속을 1짐(負), 100부를 1결(結)이라 했다. 1결은 1결을 생산해 낼 수 있는 토지의 단위 면적이며, 그러한 단위 면적을 대상으로 조세를 부과했다. 따라서 결은 절대 면적이 아니라 생산량에 따라 변하기 때문에 토지의 비옥도에 따라 다르다. 시대별로 1결의 면적은 변화하였는데 대략 조선 후기에 가장 질이 좋은 토지인 1등전 1결의 면적은 3,200여 평이었고, 가장 메마른 토지인 6등전 1결은 1등전의 약 4배인 1만 3000평 정도였다.

두락은 마지기라고 한다. 1두락은 한 말(斗)의 종자를 파종할 만한 면적을 뜻하는 것으로 대략 200~300평 사이이다. 최근에는 벼 4석을 수확할 수 있는 면적으로 마지기를 칭하기도 한다. 두락지(斗落地)와 같은 면적 표시 단위로는 1석(石)을 파종할 만한 면적인 섬지기와 1승(升)을 파종할 수 있는 되지기가 있다. 전라남도의 경우는 1두락은 120~200평에 해당한다. 궁삼면의 1두락은 약 200평이다.

영산강 포구

출처: 전남역사교사모임

적이 약 14,764정보였으므로 궁삼면의 토지 면적은 나주의 약 12%에 해당했다.

동척이 토지를 매수할 당시 궁삼면의 농가 호수는 지죽면 466호, 상곡면 283호, 욱곡면 483호, 세화면 188호, 전왕면 37호, 합계 1,457호 약 20,000여 명이었다. 궁삼면 이외에 세화면과 전왕면에 동척 관련 농가가 속해 있는 이유는 후술하는 바와 같이 토지 문제 발생과 더불어 농민 일부가 궁삼면에서 타지로 유랑할 수밖에 없었기 때문이다.

영산포는 나주 지역 사회 변동의 중심지였다. 나주에는 일본이 한국을 강점하기 전부터 이미 동산농사주식회사 등 일본인 지주가 대거 진출해 있었다. 식민지 지주제 형성 과정에 선도적인 역할을 했던 동척은 1926년 말, 전라남도 19군 194면에 11,500정보(논 8,200정보, 밭 2,330정보, 잡종지 100정보, 산림 900정보, 죽림 30정보)에 달하는 토지를 소유했다. 영산포에는 일본식 거리가 조성되었고, 헌병 분대와 경찰서, 각종 금융 기관 등 식민 기관들이 즐비했다. 영산포는 일본의 식민 수탈의 전초 기지였고, 동척의 궁삼면 토지 수탈은 그 상징이었다.

2
영산강의 보고, 궁삼면

나주 지역은 전라남도를 대표하는 비옥한 농경 지대이다. 영산강은 홍수가 자주 나기도 했지만, 나주의 중앙부를 북동에서 남서로 흐르며 광대한 농경지의 수원(水源)이었다. 총 112개소에 이르는 제방 설비가 갖추어져 있던 것으로도 알 수 있듯이 관개 시설을 이용한 농업 생산력이 다른 지역보다 훨씬 높았다.

조선 후기에 오면 나주 지역은 이앙법(모내기)과 견종법(두둑한 고랑을 만들어 씨를 뿌리는 방법) 등 신농법이 널리 보급되어 쌀 생산이 증대했으며, 면화와 과실 재배지로도 유명했다. 전 농가에서 직포·제사도 활발히 이루어져 경기도, 충청도, 경상도, 강원도 등에 연평균 97,152필의 면포를 이출했다. 특히 나목(羅木)이라는 상표는 전국 면포 시장에서 널리 알려져 있었다. 나주 농가 호수 중 약 절반은 견포(비단 천)를 제직해 생산량의 9할은 경기도, 충청도 등으로 이출했다.

1910년대 나주 남평장
출처: 나주시

당시 나주 지역에는 정기 시장이 13군데 있었다. 식민지 이후에는 영산시(榮山市), 남팡시(南倉市), 도마교시(道馬橋市), 동창시(東倉市), 가동시(佳洞市), 평림시(平林市) 등 상설 시장도 개설되었다. 원격 교역을 비롯해 군내 상품 교환도 활발히 이루어졌다.

운수·교통 시설로는 일찍이 영산강을 이용한 강운(목포까지 35해리)이 발달했다. 도로는 목포에서 서울에 이르는 간선(1등) 도로, 전라남도의 주변 지역과 연결된 지선(2·3등) 도로 등이 정비되었다. 철도는 1914년에 호남선이 개통되어 나주·영산포·고막원에 역이 설치되었다. 각종 교통수단을 이용한 나주 지역의 이출입은 급속히 증가했다.

조선 후기 농법 전환에 따라 농업 생산력이 증대했다. 유통 경제가 확대되어 상품·화폐 경제도 발전하는 등 농촌 사회는 급격히 동요했다. 농민의 토지에 대한 사실상의 권리, 예를 들어 토지 전대권(轉貸權), 사용권

매매·담보·상속의 권리 등이 확대되었다. 종래의 신분적 토지 소유 관계는 해체되고, 근대적 토지 소유 관계로 전환되었다. 이후에 다시 말하겠지만 농민들은 궁삼면이 궁장토로 불법 편입된 이후에도 궁가에 결세(結稅)만 납부하고 토지와 가옥은 임의로 매매했다. 이 사실에서 알 수 있듯이 농민들은 지주로부터 인격적으로 독립한 존재로서 토지에 대한 각종 권리를 확대해 소유권을 주장해 나갔다. 이에 따라 소규모 자작 경영에서 경영 규모를 점진적으로 확대해 농장을 형성하고, 상품 생산을 목적으로 한 서민 지주층도 출현했다. 나주에는 기경지 이외에 미경지도 많았다. 서민 지주층을 비롯한 농민들은 적극적으로 미경지를 개간해 농지를 점차 확대했다. 이들 중에는 궁장토가 일반 민전보다 상대적으로 조세 부담이 낮다는 것을 이용해 자발적으로 개간 농지를 궁장토에 투탁(投託)하는 경우도 있었다. 일부 지배층은 이를 이용하여 개간 농경지뿐 아니라 일반 민전도 불법 점유하기도 했다.

농지 불법 점유는 동척이 토지를 매수하기 이전에 일본인 이민을 비옥한 삼남 지방에 유치하기 위해 나주 지역의 토지 소유 실태를 조사한 아오야기 쓰나타로[靑柳綱太郎]의 보고에도 드러나 있다.

> 지금 현지에 존재하는 미경지 원야(原野) 대부분은 개간한 것, 즉 토지 소유자가 명백하지 않다. 황족은 이를 점유하고, 호족은 이를 횡령하고 있다. (중략) 또 광범한 토지는 여전히 이들의 소유일 뿐만 아니라 근년에 이르러서는 기경지인 미전 옥야도 종종 황족 폭리에 의해 겸병되고 있다. 토지 겸병은 아주 극심하다.
>
> - 아오야기 쓰나타로[靑柳綱太郎], 『韓國殖民策』 1908, 87쪽

즉, 상품·화폐 경제의 발달에 따른 농촌 사회의 변화 과정에서 나주 지역에서는 농민들이 개간 사업 등을 통해 토지를 확대해 나갔는데, 왕실을 중심으로 한 특권적 관료-양반 지주들이 농민 소유의 토지를 억압하는 형태로 점유해 나간 것이다.

궁삼면이 주목받은 것은 개항장 목포와의 관련성 때문이다. 목포는 위치상 넓고 비옥한 내륙으로 들어가는 입구에 있는 항구이다. 서남 다도해 해상의 수많은 섬과 배로 쉽게 이어지는 곳이기도 하다. 목포 앞바다는 영산강에서 출항한 후 여러 섬을 징검다리 삼아 중국과 일본까지 진출할 수 있는 해로의 기점이다. 1914년 편찬된 『목포지』에는 목포의 위치와 지세를 다음과 같이 기록하고 있다.

> 영산강 하구에 있으며, 한반도 최서남단에 위치한다. 원래 조선의 부(富)는 삼남에 있고, 삼남의 부는 조선의 과반을 차지한다고 전해진다. 마침 목포는 부원의 중심인 전라도에 있으며, 북쪽으로는 군산이 108리, 동쪽으로 여수가 80리 거리에 있다. 군산과 여수가 거의 직각으로 이루는 연안선 끄트머리에 있는 목포의 전면에는 다도해가 펼쳐진 큰 바다에 이르며, 후면에는 호남평야의 광활한 옥토가 널려 있다. 바다에는 무진장의 수산자원이 있고, 육지에는 풍부한 농산물이 있으며, 항구는 깊숙이 들어와 배후의 유달산이 북풍을 막아 주고, 전면으로 영암반도를 바라보고 고하도가 항구를 가로막으니, 아마도 조선 전체 연안 중에 드물게 보는 양항이다.
> － 목포지편찬회 저·김정섭 역, 『木浦誌』 목포문화원, 1991, 27쪽

즉, 영산강은 전통적으로 목포권 다도해의 도서들과 내륙 지역의 물류

이동을 담당했다. 이는 목포가 개항장으로 주목받은 중요한 배경이었다. 또한 영산포 항로가 활성화된 것은 영산강 연안 개발에 힘입어 영산포를 중계 기지로 삼은 주변 지역의 수송량이 증가한 결과였다. 목포를 통해 전라남도 내륙으로 유입되는 물품은 모두 이곳을 거쳤으며, 내륙에서 산출된 쌀과 면화 등 각종 생산물도 영산포를 거쳐 목포로 유출되었다. 영산포는 유통과 교역의 중심지였다. 이로 인해 목포 개항 이후에는 일본의 식민 수탈 거점으로 변했다.

목포에서 영산강으로 이어지는 해상로는 배후의 농경 지대로 진출하는 최적의 항로였으며, 그 최종 목표는 궁삼면의 토지였다. 궁삼면은 영산강의 종착지인 영산포 배후에 펼쳐진 비옥한 농경 지대이기 때문이다. 궁삼면은 조선 후기 이후 상품·화폐 경제 발전과 더불어 농민이 지주로 성장할 수 있는 조건이 충분히 갖추어져 있었다. 또 상업적 농업이나 쌀 전매 등을 통해 서민 지주로 성장한 계층도 나타났다.

궁삼면으로 대표되는 조선 후기 농촌 사회의 커다란 변화와는 반대로 왕실로 대표되는 특권적 관료-양반 지주가 근대적 토지 소유에 역행하는 형태로 토지 소유권을 확대하고 있었다. 궁삼면 토지 문제는 농민 토지 소유 확대 과정에서 경선궁이 궁삼면을 궁장토로 탈취함으로써 파생했고, 이후 동척으로 대변되는 일본의 토지 침탈이 이어졌다. 삼면이 궁삼면으로 불린 연유도 여기에 있었다. 이제 궁삼면 토지 문제를 둘러싼 농민과 봉건 세력, 그리고 동척의 토지 탈취 과정을 살펴보도록 하자.

3
경저리와 궁삼면

    경저리(京邸吏, 또는 京主人)란 중앙 집권적인 통치·수탈 구조가 만들어 낸 중간 지배층이다. 본래 임무는 서울의 중앙 관아와 지방 관아 간 문서 연락, 세공 납부 등이었다. 이들은 중앙 정부가 해당 군현에 조세를 독촉할 경우 또는 군현 서리(아전)가 상납과 기타 용무로 상경할 경우 서울에 경저(京邸)를 두고 중개 임무를 맡는 비공식 대리인이었다.

    그러나 원래 주어진 임무와는 달리 파행적으로 운용되었다. 경저리는 본래의 임무·역할에 더해 자신의 지위를 이용하여 기회 있을 때마다 해당 군현에서 온갖 수탈을 일삼았다. 대표적인 사례가 궁삼면의 조세 납부를 담당했던 경저리 전성창(全聖暢)이고, 전성창의 조세 독촉으로 인해 궁삼면 토지 문제가 발생했다고 말할 수 있을 정도다.

    나주군은 1888~1890년 사이에 극심한 가뭄으로 농작물 대부분이 고사했다. 특히 궁삼면의 피해는 엄청나서 고향을 떠나는 사람이 줄을 이

경저리(京邸吏)

조선 시대 지방의 각 고을에서는 업무를 처리하기 위해 서울에서 편의를 돕는 경저, 감영(監營)과 연락하는 영저(營邸)를 두었다. 그 기원은 고려 초에 지방 향리의 자제를 서울에 볼모로 두는 기인(其人)이었다. 당시 향리는 지방을 실질적으로 통제하던 호족으로 이들의 세력을 누르기 위해 기인 제도를 만들고, 그들에게 출신 지역의 행정 고문을 맡게 했다.

그러나 점차 중앙집권이 강화되면서 향리의 지위가 격하되어 고려 말에 이르러서는 중앙 각사에 소속되어 노예와 같이 여러 고역(苦役)을 사역하는 등 기인의 성격도 달라졌다. 기인은 조선 시대에도 이어져 1416년(태종 16)에는 그 수를 490인으로 책정했고, 1429년(세종 11)에는 경기도의 경우 향리 50인 고을은 2명, 양계를 제외한 도에서는 향리 30인당 1명씩 뽑도록 했다.

조선 시대에는 각 고을의 공물 상납, 역(役) 차정(差定)·연락 등을 담당하는 지방 각 관의 분실로 서울에 경저를 두었다. 공물 상납을 위하여 상경한 공리(貢吏)들은 경저의 저사(邸舍)에서 숙박하는 것이 통례였고, 공납 물품도 이곳을 거쳐 각사(各司)에 상납했다. 또 향리의 서울 내왕 때 업무를 지원하고 편의를 제공했다. 경저에는 몇 명의 경저리(京邸吏)와 그들을 이끄는 경주인(京主人)이 있었고, 그 아래에 서원(書員)·서리와 관노 등을 두었다.

경저는 1603년(선조 36) 경재소(京在所)가 폐지된 후에도 존속했으며, 대동법(大同法)이 실시된 이후에는 경주인들 가운데 공인(貢人)으로 전업한 사람이 많았다.

었다. 이로 인해 사망하거나 고향을 등진 사람들의 토지인 이른바 무망답(無亡畓)이 1,400여 두락이나 발생했다.

1888년 남한 지방은 한해(가뭄)가 혹심하여 농작물은 거의 고사(枯死)했다. 나주군이 가장 심해 한 톨의 수확도 없는 마을이 있었다. 영산, 왕곡, 세지 등 세 면이 가장 심해서 수확하지 못한 농민들은 호구(糊口)의 길을 잃고 고향을 등지는 자가 속출했다.

- 本庄波衛, 『東拓の罪惡史』 1925

조선 시대에는 급재(給災)라 불리는 진휼제도(구제제도)가 있었다. 이를 통해 농경지가 천재지변 등 불가항력의 손실을 받게 되면 감세나 면세를 해 주었다. 큰 가뭄 이후 농민들은 나무 열매와 해초로 겨우 연명하며 결세 납부 능력을 완전히 상실했다. 당연히 궁삼면에 급재가 적용되어야 마땅했으나 나주 목사 김규식(金奎軾)은 1890년 무망답에 3년간의 결세, 호세, 잡비 등 미납금 14,000원을 남아 있는 농민들에게 부담시켰다.

피해지는 당연히 면세 대상이었는데 당시 폭리(暴吏)는 비참한 상태를 알면서도 마을에 남아 있는 농민들에게 세금을 대납하라며 가을의 찬 서리같이 독촉을 했다. (중략) 남아 있는 사람들에게 타인의 세금을 대납하라는 것은 생명을 내놓으라는 위협이었기 때문에 면민들은 여러 차례 모여 의논했으나 해결책을 찾지 못했다.

- 「三面事件之真相」

이런 상황에서 경저리 전성창이 대납 수행 임무를 맡아 궁삼면에 등장했다. 경저리 직무상 아전들과 밀접한 관계를 맺고 있었던 전성창은 친분이 두터웠던 박원일(朴元逸, 지죽면), 임공필(林公弼, 상곡면), 민중겸(閔仲兼, 욱곡면) 등을 중개인으로 삼아 다음과 같은 명분을 내세워 자신이 결세를 대납하겠다고 면민들에게 제안했다.

> 삼면은 흉년이 들어 매우 곤궁하다. 본인은 자손을 위해 덕을 쌓으려고 한다. 먼저 면민들의 토지를 고가로 매수해 궁토(景祐宮)에 부속시키고, 지금까지 미납한 세금을 전부 대납하겠다. 그리고 소를 대여해 주고, 양곡이 부족한 자에게는 곡식을 나누어 주어 농사를 짓게 한 다음 벼로 대납 세금을 변제토록 하겠다. 유망민을 다시 되돌아오게 해 유망지를 개간하여 농민의 생활을 회복시켜야 한다.
>
> - 朝鮮総督府警務局, 『宮三面土地問題ノ概要』, 1925, 3쪽

농민들은 전성창의 제안을 받아들였다. 제안을 거절할 경우 무망답에 부과된 세금을 연대 책임으로 낼 수밖에 없었기 때문이다. 전성창은 조세 대납을 위해 무망답의 소유 명의가 필요하다며 토지매매계약서인 문기(文記)를 만들어 자신의 명의로 했다.

전성창의 횡포는 여기에 그치지 않았다. 그는 잔류한 농민들의 전답에도 미납한 결호전과 잡역 등 10만여 원이 발생했다며, "이런 흉작에 납세한다는 것은 아주 곤란할 것이다. 그러나 이미 납세 명령이 내려진 이상 이를 취소할 수 없다. 일시적으로 내가 대납할 테니 풍년이 되면 이를 배상하라"며 제안했다. 잔류 농민들은 선택의 여지가 없었다.

전성창은 이들에게 대납액 변제까지 가역전(加役錢, 이자로서의 할증금)으로서 '논은 타작, 밭은 35원씩을 징수할 것'이라며 대납 조건을 제시하고, 담보물로 문기 280장과 면의 증표(證票)를 받았다. 그리고 1891년 가을에 무망답뿐 아니라 잔류 농민들의 전답도 경우궁에 투탁했다. 이는 경저리

> **문기(文記)**
>
> 　조선 시대 토지를 매매할 때 작성하는 문서이다. 조선 초기에는 과전법(科田法)을 실시한 지 얼마 되지 않아 상속을 제외한 일체의 토지 처분 행위가 금지되었다. 그러다가 1424년(세종 6)부터 토지 매매가 허용되었다.
>
> 　조선 초기 토지나 가옥을 매매할 때는 계약 후 100일 안에 관계 관청에 보고하여 입안(立案)을 받도록 법으로 규정했다. 입안 발급 절차는 매수인이 매매계약서를 첨부하여 입안을 신청하는 소지(所志)를 관에 제출하면, 관에서는 이를 검토한 뒤 입안 발급 결정 처분(題音, 데김)을 소지 여백에 기재하고, 매도인과 증인, 필집(筆執, 문기 작성자) 등으로부터 매매 사실을 확인하는 초사(招辭, 진술서)를 받은 뒤 입안을 발급했다. 소지-문기-초사-입안의 순서로 점련(粘連)하고, 점련한 부분과 여러 곳에 관인을 찍은 뒤 입안 신청자에게 넘겨주었다.
>
> 　입안 제도는 조선 후기까지 일부 행해졌으나 실제로는 실시 초기부터 철저히 시행되지 못했다. 조선 후기에는 입안 없이 신구문기(新舊文記)를 인도함으로써 매매가 성립되는 것이 일반적이었다.

전성창의 자의적인 행위였다. 농민들은 투탁 사실을 전혀 알지 못했다.

　궁삼면은 자연재해로 당연히 감세 또는 면세 대상이었으나 전성창은 대납을 조건으로 농민들에게 문기 인도를 강요했다. 궁삼면 토지 문제는 흉년에 따른 대납을 조건으로 농간을 부린 경저리 전성창의 권력 남용으로부터 시작되었다.

4

고등재판소와 궁삼면

경저리 전성창의 횡포가 본격적으로 시작되었다. 대납을 둘러싼 농민들과 경저리와의 대납 관계는 끝난 상태였음에도 불구하고 전성창의 불법 행위는 계속 이어졌다.

1893년 전성창은 잔류 농민들의 토지가 경우궁장토라며 도조로 1결당 벼 8석을 징수했다. 그러자 농민들은 1894년에 나주군수 민종렬(閔種烈)에게 경저리의 불법적인 도조 징수를 엄벌할 것을 탄원했다. 이들은 이미 1892년 말 경저리와의 대납 계약을 맺어 3년간의 대납액과 가역전으로서 3,550원 및 벼 17,290석을 납부한 상태였다.

나주군수 민종렬은 농민들의 탄원에 따라 경우궁에 투탁 여부를 조회했다. 경우궁 측에서는 다음과 같은 회신을 보내왔다.

나주의 지죽, 상곡, 욱곡 등 삼면의 논은 전성창이 궁장의 예에 따라 스

> **경우궁(景祐宮)**
>
> 경우궁은 한성부 북부 양덕방에 있던 궁으로 정조의 후궁이자 순조의 생모인 수빈박씨의 사당이다. 1823년 수빈박씨가 세상을 떠나자 이듬해에 옛 용호영 자리에 사당을 지어 '경우궁'이라 이름 짓고, 이듬해 2월에 신주를 봉안했다. 수빈박씨는 생전에 아들이 왕위에 오르는 것을 본 유일한 후궁이었다. 갑신정변 때 고종이 이곳으로 피신했었다. 경우궁은 1908년에 육상궁으로 옮겨졌다.

스로 가져왔기 때문에 경우궁은 어떠한 사정이 있는지 그 내용을 몰라 강진군 병영 병사에게 연공(年貢)을 거두어들이라고 명한 적이 있다. 또 이전에 출장한 전대현(全臺鉉)이 궁장토에 속한다며 연공을 가혹하게 거둬들여 삼면 인민들이 극심한 곤란에 빠졌다는 소리를 들어 불안감을 느껴 이후 삼면의 토지에 대해서는 전혀 관계하지 않는다.

- 朝鮮総督府警務局, 『宮三面土地問題ノ概要』 1925, 6쪽

경우궁은 궁삼면 토지를 전성창이 투탁했고, 경우궁 관리자가 궁삼면 내부 사정을 모른 상태에서 관행에 따라 도조를 징수했으며, 궁삼면에 대한 관리권을 포기하겠다는 뜻을 분명히 밝혔다.

이를 통해 궁삼면 토지 문제의 발단을 알 수 있다. 경저리 전성창은 대납 조건으로 농민들에게 받은 문기를 경우궁에 투탁했고, 경우궁과 전성창 사이에 밀약을 통해 상호 이익을 도모한 것으로 여겨진다. 당시 조세 부담에서 벗어나기 위해 토지를 궁방 등에 허위로 투탁하면서 조세를 포

전성창과 김영규를 잊지 말자는 오리비

출처: 나주시

탈하는 관행이 광범위하게 이루어졌다.

나주군수 민종렬은 경우궁의 회신에 따라 농민들에게 결세를 직접 군청에 납부할 것을 지시했다. 궁삼면 토지는 경우궁과 관련이 없을 뿐만 아니라 경저리의 자의적인 투탁 행위를 인정한 것이다.

농민들은 무망답의 토지 대금으로 3년간 미납한 세금을 군청에 전액 납부하는 형태로 군청으로부터 매수하여 공유지로 삼았다. 흉년을 핑계 삼아 발생한 경저리 전성창과 농민들 사이의 분쟁은 1894년 민종렬에 의해 일단락되었다.

궁삼면 토지 문제는 해결된 것처럼 보였으나 소강상태였을 뿐이었다. 전성창은 1895년 7월에 전라도 신임관찰사 채규상(蔡奎常)의 나주 부임과 함께 자벽주사(自辟主事)로 다시 등장했다. 자벽이란 조선 후기 관아에서 특정 관직을 독자적으로 추천하여 임용하는 제도를 말한다. 전성창과 채규상 간의 결탁이 이루진 것으로 여겨진다.

전성창은 나주군수 민종렬이 부당한 세미 징수를 금했음에도 대납 계약 시의 미수금 14,000원이 남았다며 1결당 150냥 5전을 농민들에게 추가 징수했다. 더욱이 같은 해 가을에는 대납 시 수만 원의 비용이 발생했다며 벼 1,300석도 강제 징수했다.

전성창의 수탈을 견디다 못한 농민들은 1895년 9월, 세지면장 이용백(李鎔伯)을 대표로 선출해 전성창의 수탈을 내부(內部, 내무아문)와 법부(法部, 법부아문)에 제소했다. 법부의 명령을 받은 나주군수 이우규(李祐珪)와 광주관찰사 윤웅렬(尹雄烈)은 1896년 1월에 조사 결과를 법부에 보고했다. 보고 내용은 다음과 같다.

> 전성창은 농민들을 구제해 명예를 얻겠다는 달콤한 말을 했지만, 농민들은 그를 원수로 여기고 있습니다. 그는 약속을 깨고 조상 전래의 토지를 강취하는 등 실로 온당치 못한 행위를 일삼았습니다. 전성창은 직분을 망각했으며, 삼면은 그와 전혀 관계가 없습니다. 농민들의 정당한 소유지를 반환시켰습니다.
>
> - 全羅南道警察部高等警察課, 『宮三面土地問題ノ概要』 1925, 8쪽

이에 고등 재판소는 1897년 5월 18일에 나주군수의 보고서에 의거해 판결을 내렸다.

피고(전성창)는 원고(농민들)의 소구(訴求)에 응해 전답을 침범할 수 없고,

남채전(濫採錢 25,418량 5푼)과 을미년(1895) 추조(秋租) 1,300석 값 13,000원을 상보(償報)해야 한다. 소송 비용은 피고가 부담해야 한다.

- 판결서 제10호

고등 재판소는 전성창이 농민들의 세수 전답을 수탈하는 것은 정당하지 못하다는 판결을 내려 궁삼면이 정당한 민유지임을 인정하고, 그간의 착취물 반환을 명령했다. 승소한 농민들은 자신들이 소유한 토지가 민유지임이 확정되었다고 인식했다. 이 판결은 농민들이 소유권을 주장할 수 있는 법률적 근거가 되었다.

고등 재판소의 판결로 궁삼면이 민유지로 확정되었음에도 얼마 지나지 않아 경선궁장토로 편입되는 사건이 발생했다. 농민들의 본격적인 토지 소유권 회수 투쟁을 일으킨 경선궁의 민유지 이전 과정을 살펴보자.

5
경선궁장토와 궁삼면

경선궁은 순빈엄씨의 궁으로 1897년에 창설되었고, 1899년 왕세자가 영친왕으로 작위를 받았을 때 경선궁 안에 영친왕궁이 설치되었다. 이후 1907년 영친왕이 황태자로 책봉되면서 폐지되어 경선궁은 조선 왕조의 마지막 궁장토가 되었다. 경선궁과 영친왕의 궁장토는 순빈엄씨와 영친왕의 사유 재산으로서 설정되었다.

경선궁장토 가운데 궁삼면의 전답은 1898년 10월 경선궁이 전성창으로부터 토지 문기 280매, 문권책 12건, 입지성책(立旨成冊) 11건, 군절목(郡節目) 2책 등 토지 소유 증명 서류를 10만 냥에 매입했고, 이를 신문기(新文記) 1매와 궁내부(宮內府)가 발급한 절목 1책 등의 서류로 토지 소유권을 획득했다고 주장했다. 그런데 궁삼면 전답은 고등 재판소 판결로 민유지임이 확인됐음에도 왜 경선궁장토로 편입되는 사태가 일어났을까?

사건의 전모는 다음과 같다.

1898년 10월, 전성창은 경선궁 재무 관리자인 강석호(姜錫鎬)에게 궁삼면 전답 매각을 교섭하며 잔류 농민들과 대납을 협의할 때 수령한 문기 280매를 강석호의 중개인인 김영규(金永逵, 순빈엄씨의 사촌, 당시 광주관찰부 주사)에게 매각했다. 궁장토 확대 과정 사례를 살펴보면 궁가는 창설과 함께 궁장토 획득에 수단을 가리지 않았는데, 궁삼면은 매입하기 좋은 땅으로 주목받았다. 이렇게 궁삼면은 전성창과 경선궁의 은밀한 거래를 통해 궁장토로 편입된 것이다.

경선궁은 1898년 겨울부터 김영달을 삼면차견관(三面差遣官)으로 임명해 도조를 징수했다. 경선궁은 다른 궁과 다르게 도장(導掌, 관리인)을 두지 않고 직접 임명한 차견관을 파견해 도조를 징수하며 장토를 경영했다. 그러자 농민들은 상곡면 삼거리(三巨里)에서 집회를 열고 도조 납부를 거부했다.

"이 토지는 조상대부터 소유한 것으로 누구에게도 매각한 적이 없다. 이미 전성창을 상대로 한 고등 재판소의 판결에서 면민들의 승소가 확정되었다. 누구도 삼면의 토지를 빼앗을 수 없다."

농민들은 고등 재판소의 판결을 법적 근거로 삼아 군청과 내부·법부에 진정을 내고 궁삼면 토지 소유권을 주장했다. 아울러 대표인 이용백을 중심으로 도조 납부를 거부하며 전성창 등의 부당한 행동을 내부에 다시 탄원했다. 내부는 1898년 9월에 전성창 등의 죄상을 조사해 광주관찰부에 체포와 위조 문권 압수·폐기를 명령했다.

전성창의 행패가 만만가통이라. 그 독함이 삼남에 흘러 수년에 미쳤으니 민정을 생각건대 긍측함을 깨닫지 못하는지라. 그 죄상을 의론하면 용서치 못할지니 관찰부에서 순검을 보내 전가(全哥)를 위하는 괴수 몇 놈을 잡아 엄학하여 전후 위조 문적을 빼앗아 없애고, 그곳 백성들을 안도케 하라.

- 『매일신보』 1898년 9월 22일 자

내부에서는 궁삼면 토지가 농민들의 민유지임을 분명히 밝혔다. 그러나 김영규는 광주관찰부의 순검, 청사, 군 장졸 등 100여 명을 동원해 농민들을 구타·포박하며 위협해 도조를 강요했다. 그리고 수탈에 앞장서서 저항한 19명을 강제로 체포해 경성 감옥에 9개월간 투옥했다.

도조를 거부한 농민 탄압은 이에 그치지 않았다. 전성창과 김영규의 사주를 받은 어사 이승욱은 농민 5~6명을 남평군에서 체포했다. 관찰사를 체포하라는 명령을 받았음에도 오히려 농민 수 명을 체포하여 광주부로 호송했다. 이승욱의 타락상은 당시 신문에 보도될 정도로 극악했으며, 결국 1899년에 고등 재판소에 회부되었다.

이에 1898년 10월 농민 대표 이용백, 이광거, 이응원, 나태삼, 나광진, 나순명, 민중겸, 이태명, 최태안 등은 전성창의 횡포를 탄원하기 위해 경성으로 올라갔다. 그러나 궁내부에서는 '경선궁 전답을 편취하려 한다'며 법부에 조회하고 이들을 구금했다.

폭력적인 탄압에 농민 대표 나순명 외 32명은 1899년 2월에 전성창이 수년 동안 착취한 진상과 김영규의 폭거를 경성의 재판소에 호소하기로 결의했다. 그러자 이번에는 궁내부 경무관 김영진(金永振, 김영규의 형)이 곧바로 그들을 체포하고, 삼면이 민유지라는 증거 서류 52통마저 몰수했다. 더욱이 경선궁은 궁삼면이 경선궁의 소유지라는 것을 면민들에게 보여 주기 위해 옥중의 대표자에게 날인시켰다. 봉건 세력의 횡포에 농민들의 요구는 무참히 짓밟혔다.

당시 농민들은 부패한 왕조의 악정과 관권 만능 앞에 처참히 무너지며 논은 수확물의 10분의 3, 밭은 지세 상당액을 몇 년 동안 도조로 착취당했다. 동척의 토지 매수까지 토지 수확물의 총량은 5만여 석에 달했다. 당시의 정황을 『동아일보』는 다음과 같이 전하고 있다.

> 부패하고 또 부패한 악정과 인민의 생명과 재산을 초개같이 보는 관권 만능 앞에서 면민들은 정정당당하고 명백한 사실을 가지고도 불안과 공포에 싸여 말 한마디 할 수 없게 되었으며, 여러 해 동안 토지의 수확물을 관료배인 몇 명에게 억울하게 빼앗기고 말았다.
>
> - 『동아일보』 1925년 7월 11일 자

궁삼면은 고등 재판소의 소유권 확인에도 불구하고 대납 시의 조건을 악용한 전성창과 경선궁의 책모로 경선궁장토로 이전되었다. 농민들은 이에 맞서 청원과 소송을 제기하는 등 가능한 범위에서 저항했다. 그러나 이들의 주장은 받아들여지지 않았다. 경선궁은 고등 재판소의 판결을 무시했을 뿐 아니라 옥중의 농민 대표자에게 날인을 강제했다. 결국 궁삼면은 봉건 세력의 농간으로 경선궁장토로 넘어가고 말았다.

6
임시 제실유 및 국유재산조사국과 궁삼면

    일본은 러일전쟁 승리 이후 한국을 식민지배하려는 정책을 본격적으로 펼쳤다. 궁방전의 토지 소유권을 조사해 국유지를 확보하는 등 지배 체제 구축을 위한 재정 수입 확보를 도모했다. 1907년에는 궁내부 관리 재산을 제실 재산과 국유 재산으로 구분하여, 제실 재산은 축소·정리하고 토지는 국유지로 편입시켰다. 통감부는 황실의 재정과 재산을 관리하며 한국 강점 이후의 상황을 준비했다.

    조사 실무는 임시 제실유 및 국유재산조사국이 맡았다. 조사국은 1908년 6월 25일에 전문 3개조로 구성된 칙령 제39호를 공포했다. 주목되는 것은 궁내부 소관 토지 중 명확히 민유지로 인정되는 토지 40여 건에 대해 환급 처분하고, 궁전 태묘의 기지와 본조능원묘를 제외한 궁내부 소관 및 경선궁 소속의 모든 부동산을 국유로 이속하는 것이었다. 이로써 궁삼면 토지 문제는 통감부 시대를 맞아 일본이라는 새로운 세력과 마주하게 되었다.

한편, 러일전쟁 이후 일본의 지배 체제가 확립되면서 광무 정권을 주도해 온 수구파를 비롯한 지배층의 세력은 크게 후퇴했다. 궁삼면 토지 문제에 관계했던 전성창, 김영규, 김영진 등 봉건 세력도 러일전쟁 발발 이후 몰락했다. 김영진은 1906년 공포된 궁금령(宮禁令)으로 입궐하다가 체포당했다.

임시 제실유 및 국유재산조사국(臨時帝室有及國有財産調査局)

임시 제실유 및 국유재산조사국은 1907년 7월 4일 칙령 제44호 임시 제실유 및 국유재산조사국 관제(臨時帝室有及國有財産調査局官制)가 반포되며 설치되었다(1908. 1. 18. 개정). 제실유 재산과 국유 재산을 분할·조사할 목적으로 임시로 설치된 이 관청은 내각총리대신의 감독하에 제실유 재산 및 국유 재산을 조사하여 소속을 판정·정리하는 사무를 맡았다. 정리 과정에서 민유 재산(民有財産)이 드러날 경우 이를 처분할 수 있는 권한도 가졌다. 조사국의 사무는 위원장 1명과 위원 10명 이내로 조직된 임시 제실유 및 국유재산조사위원회의 심의를 거쳐 행해졌다. 위원장은 친임관(親任官) 또는 칙임관(勅任官)이며, 위원은 내각과 궁내부 및 관계 각부(各部)의 칙임관이 맡았다. 당시 통감부는 토지조사사업을 준비하면서 통치기관의 재산과 재정 수입을 증대시킬 방책으로 국유지 확보에 열을 올렸다.

일본은 1907년부터 사업을 시작하며 궁내부 관리 재산을 제실유 재산과 국유 재산으로 구분하고, 제실유 재산을 축소·정리하고 나머지는 국유로 편입했다. 이와 함께 1906년 7월부터 궁내부 소관의 황무지 개간권을 인민에게 일절 인허하지 않았고, 1907년 6월에는 궁내부 제도국(制度局)에 임시 정리부(臨時整理府)를 두었다가 7월에 조사국을 설치하고 조사를 시작했다. 1907년 8월 이후에는 십수회의위원회를 열고 다음 사항을 결의했다.

이런 정세 속에서 1908년 7월 농민 대표 이정채(李正采)·최병극(崔炳極)·나문관(羅文官)은 조사국에 궁삼면 전답의 소유권 증명을 신청했다. 조사국의 방침에 따라 민유지 확인을 청원한 것이다. 조사국은 1908년 1월 19일 나주군수 김성기(金聖基)에게 조사국 통첩 제50호를 발포해 농민들의 신청을 받아들였다. 조사국 통첩 제50호의 전문은 다음과 같다.

① 궁내부 소관의 토지 중 명백히 민유(民有)인 것 40여 건에 대해서만 환급 처분할 것.
② 궁장토(宮庄土) 도장(導掌)은 성질을 판정하여 투탁도장(投託導掌)에게는 토지를 돌려주고, 그 밖의 도장에는 순수입고의 3개년분을 내줄 것.
③ 궁내부 소관 및 경선궁(慶善宮) 소속의 부동산 중 궁전태묘(宮殿太廟)의 기지(基址) 및 본조(本朝) 능(陵)·원(園)·묘(墓)를 제외한 모든 것을 국유에 귀속시킬 것.
④ 어기(漁磯)·보세(洑稅), 기타 궁내부의 제세(諸稅) 징수권은 국고에 일체 귀속시킬 것.

　이 중에서 ③·④항은 1908년 6월 칙령 제39호로 발포되어 종래 궁내부에 속한 방대한 궁장토와 각종 징수권이 탁지부로 넘어가 국유지였던 유토역둔토(有土驛屯土)와 함께 일본의 손아귀에 넘어갈 준비를 마쳤다. 일본은 여기에 덧붙여 투탁되었거나 혼입(混入)·탈입(奪入)되었던 민유지와 본래 민유지인 무토역둔토(無土驛屯土)도 40여 건만 제외하고 국유지로 강제 편입했다. 이로 인해 토지를 빼앗긴 농민들이 사유지임을 증명하는 청원서를 올리는 등 분규가 발생했다. 조사국은 1907년 11월에 폐지되었으나 궁내부에 제실재산정리국(帝室財産整理局)이 설치되어 사무를 대신 관장했다.

조사국 통첩 제50호

귀 군 경내의 각 궁사(宮司) 전답과 원림(園林)에 대해 내각 증빙 서류와 본국의 문서 없이는 누구를 막론하고 토지 증명을 일체 인허할 수 없다. 내부·법부와 귀 도 관찰사는 문서를 만들었다 하더라도 현재 본국 위원회에서 조사한 결과 앞의 각 궁사에 투탁한 전답과 작도장(作導掌) 중에 사토(私土)가 삽입되었거나 궁에서 빼앗은 토지를 차례로 하급(下給)한 것이다. 해당 토지는 이전의 궁사와 관계가 없고, 순전한 사유로 공인되었다. 이 토지에 대해 해당 민의 청구가 있으면 토지 증명을 선급(繕給)하는 것이 타당하다. 이에 통첩하니 조녹(照錄)한 후 별지에 기재한 토지에 대해 해당 민이 하급증(下給證)을 첨부해 신청할 때는 토지 증명을 인허하기를 바란다.

융희 2년 1월 19일
임시 제실유 및 국유재산조사국 위원서
내각법제국장 유성준
나주군수 김성기 좌하

별지
나주군 지죽면
나주군 상곡면
나주군 욱곡면

조사국은 민유지 반환 방침에 따라 궁삼면 전답은 분명히 민유지라고 판단하고, 나주군수에게 토지 소유권을 확인하도록 명령했다. 몇 년 동안 악정에 신음하던 농민들은 이 결과를 듣고 악관 폭리에게 토지를 빼앗길 걱정이 없다며 토지 소유권 확인 수속에 나섰다.

그러나 당시 삼면 차견관이었던 김영규는 나주군수 김성기에게 벼 200석을 뇌물로 주고 조사국에 '삼면의 토지는 분명히 궁장'이라는 허위 보고서를 발송하도록 했다. 영친왕의 처남인 김성기는 나주에 부임하기 전에 청도군수였으며, 영친왕이 이토 히로부미[伊藤博文]에게 민영채 후임자로 추천한 자였다. 이러한 정황을 고려하면 궁삼면 토지 탈취는 경선궁 일족에 의한 것임을 알 수 있다. 처음에는 삼면 차견관 김영규(순빈엄씨의 사촌 동생)와 전성창이 주도한 토지 매수였고, 이번에는 불법 매수를 정당화하려고 군수 김성기의 허위 보고서가 이용된 것이다.

조사국은 통첩 제50호를 발포해 농민들의 토지 소유권을 인정했음에도 불구하고, 1908년 2월 12일 경선궁의 청원서에 근거해 원래 결정을 뒤집었다.

경선궁과 이정복(李正複) 등의 청원에 다음과 같이 인정함.
나주군 지죽, 욱곡, 상곡 등 삼면 토지를 경선궁에서 매수한 일에 대해 해당 삼면 민인들의 총대(總代)라고 한 이정복 등 3인과 해당 사검위원(査檢委員) 김영규와 변명인(辨明人) 이길노(李吉魯) 등 4인, 대언인(代言人) 정명섭(丁明燮) 등이 상호 청원함에 이를 조사한 결과, 경거(京居) 전성창이 경인분(庚寅分)에 해당 삼면 민인들의 3년 결호전(結戶錢) 10여만 냥을 대납하고 해당 토지를 매수할 때 각 민인에게 영수(領受)한 구문기(舊文記) 280장과 을미분(乙未分)에 성책(成冊)한 문권책(文券冊) 12권, 같은 해 동두민(洞頭

民) 등 장립지성책(狀立旨成冊) 11건과 군절목(郡節目) 2책, 경선궁에서 무술년(戊戌年)에 가금엽(價金葉) 10만 냥으로 매입한 신문기(新文記) 등 서류의 명확한 근거가 소재(昭在)하고, 변명인 이길노 등이 삼면민 대표로 정당한 위임장을 첨부했으니, 해당 도 관찰사와 군수가 궁내부에 보낸 보고서로도 곡직(曲直)이 이미 판명이 난지라, 이정복 등은 타 군에 거주할 뿐만 아니라 부당하다. 해당 토지와 관계가 조금도 없거늘 민인들의 총대라 칭하고 일직건송(一直健訟)이 근거 없음이라. 해당 삼면 안에 다음 문기에 소재한 토지의 소유권은 경선궁에 확실히 있음을 인정함.

- 『臨時帝室有及財産調査局 報告書』, 규장각도서 17827, 1908년 2월 12일

여기에서 알 수 있듯이 김영규와 전성창은 이정복, 이길노, 정명섭 등을 매수해 궁삼면 농민 대표로 위장했다. 조사국은 청원서에 기초하여 궁삼면의 토지 소유권을 경선궁 사유지로 사정했다. 조사국 입장에서도 궁삼면 토지를 경선궁 소유로 인정하는 것이 국유지 재산 획득으로 이어져 이익이 되기 때문에 김성기의 허위 보고를 그대로 받아들인 것이다.

농민들은 대표자를 경성에 급파하여 김성기의 보고가 허위임을 탄원했다. 그러나 조사국은 1909년 2월 15일에 궁삼면의 문기에 있는 토지 소유권은 경선궁에 속한다는 결정서를 제시하면서 청원을 각하했다. 또 1909년 7월에는 농민 대표 나기림(羅基林) 등이 경선궁 궁감(宮監) 김영진에게 토지 소유권 반환을 청원했다. 경선궁은 "궁삼면 농민들이 3년 동안 매년 벼 1,000석을 상납하면 반환하겠다"고 통보함으로써 사실상 거부했다.

궁삼면 토지 소유권을 둘러싼 공방은 경선궁의 사유지로 확정되는 듯

궁삼면 토지 분쟁을 알린 『대한매일신보』 1909년 2월 26일 자 기사
출처: 한국역사정보통합시스템

했으나 조사국이 결정을 일시 번복했다. 조사국은 1909년 6월 29일에 칙령 제39호를 공포해 제실유와 경선궁 토지를 국유지로 편입한다는 결정을 내렸다. 칙령 제39호 제1조인 '궁내부 소관과 경선궁 소속의 부동산은 국유로 이속한다'는 결정에 따른 것이다.

궁삼면 토지 소유권을 둘러싼 공방은 예측하기 어려웠다. 왜냐하면 1909년 8월 10일 조사국 후신인 국유재산정리국은 재산 정리국 정발(整發) 제485호에 따라 궁삼면 토지를 경선궁에게 다시 환급했기 때문이다. 환급 이유는 경선궁 측이 칙령 제39호에 의거해 원래 궁삼면이 순빈의 사유지라며 환부해 줄 것을 청구했다. 경선궁의 주장은 궁삼면은 전성창에게 합법적으로 매수했기 때문에 사유지를 국유지로 편입하는 것은 부당하다는 것이었다. 결국 경선궁장토는 순빈의 사유로 인정할 부분, 투탁지와 혼탈입지로서 인민들에게 환급할 부분, 국유지로서 인정할 부분 등

세 종류로 나뉘어 정리되었다. 이 가운데 궁삼면 토지는 경선궁의 사유지로 판정되었다. 하지만 농민들은 이를 인정할 수 없었다.

　이후 동척의 등장으로 궁삼면 토지 문제는 새로운 양상으로 나타났다. 동척은 토지 소유권을 둘러싼 분쟁을 이용해 토지 매수를 감행했다.

7
일본의 국책회사, 동양척식주식회사

러일전쟁에서 승리한 일본은 한국에 대한 척식(拓植), 다시 말해 개척과 식민을 통한 본격적인 식민지 경영 체제로 전환했다. 일본인 자본가들은 '군대보다 자본가의 임무가 더 중요하다'는 기치 아래 대거 한국으로 건너와 토지 수탈과 지주 경영 및 일본 농민 이민 사업을 추진했다. 일본 농민을 한국의 각 지방에 침투시켜 한국 농업을 장악할 인적 기초로 삼고, 동시에 일본의 당면 과제인 식량과 인구 문제를 해결하기 위해서였다.

당시 한국 각지에는 개항장을 중심으로 그 주변에 수많은 일본인 농사조합과 농업회사들이 설립되었다. 일본은 이에 만족하지 않고 1908년 12월 18일 동양척식주식회사법을 법적 근거로 대한제국, 일본 정부 그리고 한국 민간 자본의 공동 출자로 국책회사를 설립했다. 이것이 바로 동양척식주식회사이다. 동척의 자본금은 1,000만 원으로 한국은 설립 자본금의 30%에 해당하는 국유지를 출자했고, 일본 정부가 설립과 운영을 주도했다. 설립 당시 본점을 서울에 두었으나 1917년에 도쿄로 이전하면서 영업 지역을 만몽(滿蒙)까지 확대했고, 1938년부터는 타이완·사할린·남양군도로 넓혀 나갔다. 한국에는 17개 지점을 두었고, 각지에 52개 지사를 설치했다.

동양척식주식회사라는 이름에서도 알 수 있듯이 한국에서 제국주의적 식민지 개척을 목표로 토지를 합법적으로 수탈하고, 이를 일본 농업 이민 24만 명에게 경영하게 함으로써 토지와 금융을 장악하고 일본인들의 식민지 개척과 활동을 돕는 것이 목적이었다.

그러나 이민 사업은 기대와는 달리 실패로 끝나고 말았다. 1911년부터 1927년까지 17회에 걸쳐 약 6천여 호의 농업 이민을 이주시킨 데 불과했다. 더구나 이민자 대부분은 정착한 농촌에서 자작 경영을 포기하고, 지주로 변신하거나 도회지로 나가 상업이나 고리대업 등 농업 이외의 활동

동양척식주식회사 본사

출처: 일본 국립국회도서관 디지털컬렉션

에 종사하는 경우가 많았다. 동척 이민의 실패 요인은 최초 입안 단계부터 무리한 계획 수립과 수용지 부족 등을 들 수 있으나, 무엇보다 이민 수용지 확보 과정에서 비옥한 농경지 탈취로 소작권을 빼앗긴 한국 농민

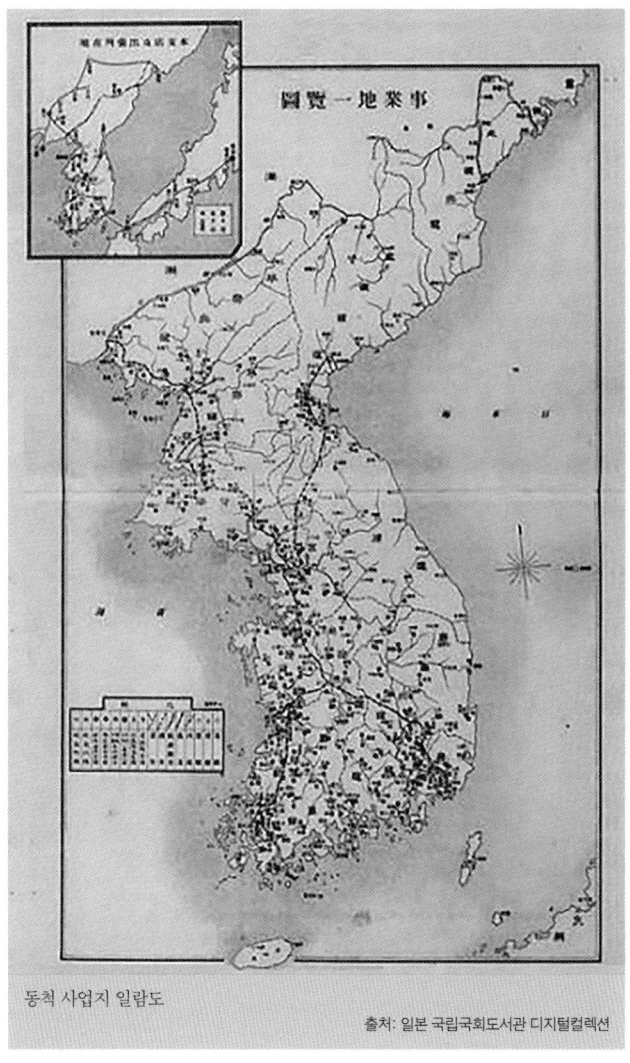

동척 사업지 일람도

출처: 일본 국립국회도서관 디지털컬렉션

들의 격렬한 이민 반대 투쟁에 직면했기 때문이다.

동척은 이민 사업이 커다란 성과를 올리지 못하자 경영 방침을 바꾸어 소작제 농장 경영에 주력했다. 동척의 사유지는 설립과 더불어 한국 정부로부터 출자지 7,714정보 이외에 1913년까지 매수지 4만 1,148정보를 확보했고, 이후 토지조사사업을 통해 불하받은 국유지를 포함해 1917년 7만 5,178정보의 토지를 소유하여 조선총독부 다음의 최대 지주가 되었다. 이후에도 동척의 사유지는 계속 증가하여 1942년 말에는 20만 722정보를 소유하기에 이르렀다.

동척의 사유지에 대한 지주 경영은 궁극적으로 양질의 소작미를 최대한 생산하여 이를 본국으로 반출하여 식량 문제 해결에 기여하는 것이었다. 이를 위해 농사 개량 사업을 강력히 추진하여 생산량을 증대시키는 한편, 소작료 수취 기구 개편을 통해 소작료 수탈을 극대화했다.

동척의 한국인 소작농은 적게는 8만 명 내외, 많게는 15만 명에 이르렀는데, 이는 한국의 전체 소작 농가의 4~7%의 비중을 차지했다. 동척은 소작인에게 5할 이상의 고액 소작료를 요구하거나 춘궁기에 양곡을 빌려주었다가 2할 이상의 이자를 받는 등 극악한 수탈로 원성을 샀다. 동척의 소작인 수탈은 결과적으로 한국인의 대규모 해외 이주를 초래했다. 1933년까지 일본으로 113만 5,852명, 만주와 연해주로 150만여 명이 이주한 것으로 집계되었다.

동척의 사유지에 대한 지주 경영은 일본의 식민지 농업 정책을 직접 반영하면서 한국의 농업을 일본의 필요에 따라 재편시켜 나가는 대리인 역할을 했다고 말할 수 있다.

8
동척의 궁삼면 토지 수탈

　동척은 1908년 12월 한일 양국의 협동 사업이라는 미명으로 설립되었다. 설립 목적은 러일전쟁 이전부터 논의되던 만한이민집중론에 기초하여 자작형 농업 이민 24만 명을 한국에 10년간 진출시키려는 데 있었다. 안정적인 식민지 지배 체제 구축과 치안 유지를 위한 광범한 인적 기반 확보를 통해 한반도를 완전히 정복하려는 정치적 의도였다. 동척은 설립 당시부터 국책회사로서 임무가 부여되었다.

　동척의 임무는 한국에서 토지를 합법적으로 수탈하고, 일본 농업 이민을 이주시켜 식민 지배의 인적·물적 기반을 확고히 다지는 것이었다. 그러나 이민자 유치를 위한 토지 확보 과정에서 궁삼면 토지 사건 같은 수많은 분쟁을 일으키며 한국인에게 식민지 지배의 상징이자 저항의 표적이 되었다.

　동척 설립과 사업 추진의 최대 변수는 이민 사업의 바탕인 24만 정보

동척 초대 총재 우사가와 가즈마사[宇佐川一正]
출처: 일본 국립국회도서관 디지털컬렉션

의 광대한 토지였다. 일본 정부에 설치된 창립 조사위원회가 한국의 협력을 끌어내야 한다는 이토 히로부미 통감의 의견서를 채용해 양국에 관련 법률 제정, 한국의 토지 출자 및 토지 매수 편의 제공, 임원 임명 등 양국의 협동 사업이라는 점을 강조한 것도 토지 확보가 시급했기 때문이다. 이를 반영하듯 한국 정부는 총 자본금 1천만 원의 3할을 토지로 제공했다.

동척의 토지 매수는 설립 직후부터 시작되었다. "한국의 전답은 지가가 저렴하므로 해변 매립 등 개척 사업보다는 기간지를 매수하는 것이 두 배 이상의 이득이 있다"는 판단 아래 비옥한 경지를 획득하는 것이 방침으로 정해졌다. 최초 매수 대상지는 궁삼면 전답이었다. 동척이 궁삼면 토지에 주목한 이유는 다음과 같다.

> 전라남도는 기후와 풍토, 경작 상태로 볼 때 일본인 이민을 수용할 여유가 많고, 모범적인 농촌을 경영하는 데 가장 적절한 위치에 있다. (중략) 이 토지 근방에는 일본인이 1천 명 이상 거주하고, 앞으로도 더 많이 유입될 수 있다. 앞으로 호남 철도가 개통되면 철도의 연선으로서 전도가 유망한 땅이다.
>
> - 東洋拓殖株式会社『第参期営業報告書』(勝田家文書) 2~4쪽

동척은 토지 매수반을 조직해 궁삼면에 파견했다. 반장은 오하시 시게쇼우[大橋重省]였다. 이들은 먼저 경선궁 감무인 엄주익(嚴柱益, 순빈엄씨 서거 이후의 대리인)에게 토지 매각을 신청했다. 그러자 엄주익은 "이 토지는 면민과의 계쟁지여서 매각하기 어렵다"고 통보했다. 이 '계쟁'이란 농민 대표 나기림이 1909년 7월 궁삼면이 경선궁에 다시 환부되기 직전에 궁감인 김영진에게 전답 반환을 요구한 것을 말한다. 그러자 동척은 "나중에 면민과의 소송이 일어나 폐사가 패소하더라도 손해를 폐사에서 부담하고, 귀하에게는 어떠한 손실을 끼치지 않겠다"는 보증 문서를 교부했다. 즉, 보증 문서를 교부해 스스로 불법 매수라는 사실을 자인했으며, 나중에 소송이 제기될 것임을 이미 예상하고 있었다. 이렇게 해서라도 토지 매수를 강행한 것은 강압적으로 토지를 탈취하려는 의도가 있었기 때문이었다.

동척은 비밀리에 궁삼면 토지 매수 작업에 착수했다. 구체적인 경과는 다음과 같다.

우선 경선궁은 동척과 사전 협의한 뒤 농민 대표의 토지 반환 요구에 대해 "삼면에서 3년 동안 매년 벼 1천 석을 상납하면 토지를 반환하겠다. 반환할 때 삼면의 서류가 나주에 있으므로 탁지부 관리를 출장시켜 면민에게 건네주겠다"며 수용 의사를 보였다. 그리고 나서 나주군청에 탁지부에 촉탁원을 파견해 상곡면의 이길룡(李吉龍)이라는 사람에게 토지 관계 서류를 인도함으로써 토지 반환 수속을 밟는 척했다. 여기에 계략이 숨어 있었다. 이길룡은 동척 토지 매수반 반장이었기 때문이다. 이길룡은 군청에서 받은 서류 사본을 곧바로 동척에 송부했다. 이로써 1909년 12월 10일 동척과 경선궁의 토지 매매 계약이 체결되었다. 궁삼면의 시가는 200만 원이었으나 매매 가격은 8만 원이라는 헐값이었다.

　이처럼 동척의 궁삼면 토지 매수는 농민들의 민유지를 불법적으로 탈취한 것으로 사전에 민유지임을 인지한 상태에서 이루어졌다. 더욱이 매수지 중에는 상곡면 동방리 양성진(梁成辰) 외 16명의 밭 152.5두락, 89필지 등과 같이 경선궁장토와 관계없는 것도 포함되어 약탈 그 자체였다.

　동척은 매매 계약 체결 직후 영산포 이창동(二倉洞)에 출장소를 설치하고 "이번에 경선궁으로부터 궁삼면 토지를 매수했다"며 매매 계약 승인과 소작 계약에 응하도록 농민들을 설득했다. 이처럼 소작 계약 체결에서도 농민의 승인과 동의가 필요했다. 이를 보더라도 원래 경선궁장토가 아닌 토지를 불법적으로 매수한 것임을 스스로 인정한 것이다.

　그러나 농민들은 이를 인정하지 않았다. 토지 매수반 반장 오하시는 "당장 관찰사 신응희(申應熙)와 함께 상경해 전답 대금을 궁삼면 인민들에게 지불하겠다는 뜻을 궁감에게 전하겠다"며 농민들에게 제안했다. 이 외에도 각종 관개 시설 정비와 학교 설립 등을 조건으로 내세워 궁삼면 면장·동장에게 토지 매매 계약서에 날인을 종용했다. 하지만 농민들은 "동척이 어떠한 위로책을 강구해도 토지를 환부할 의사가 없으므로 이에 응할 수 없다"며 한 사람도 날인하지 않았다.

　그러자 동척은 강경책으로 선회하여 지죽면의 염자옥(廉子玉)·이화익(李化益)·김운서(金雲瑞), 상곡면의 장홍술(張弘述) 등 4명을 경찰서로 연행했다. 그들에게 태형 90대 등 가혹한 형벌을 가해 토지 매매 계약서에 강제로 날인시켰다. 결국 동척은 1910년 9월 23일 토지가옥증명규칙에 의거해 나주군수와 목포 이사관의 사증을 받아 궁삼면 소유권을 취득하고 인증 수속을 마쳤다.

이처럼 동척의 토지 매입 과정은 무력을 동원한 강제 조치로 불법이었다. 동척은 불법적인 토지 매수 이후 전개될 농민들의 저항을 예상했다. 동척이 궁삼면에 토지 매수반을 파견하면서 경선궁에 보증 문서를 교부한 것만 봐도 이를 알 수 있다. 동척은 '선 매수 후 해결'이라는 폭압적인 방식으로 토지를 탈취했다.

9
궁삼면 토지 경영과 이민 사업

　궁삼면은 동척이 설립된 뒤 최초로 매수한 토지였다. 동척은 토지 매입 후 궁삼면 일대에 동척 소유지임을 알리는 표지판을 세웠다. 동척이 매수한 토지의 규모는 1909년부터 1913년 총독부의 명령으로 중지될 때까지 함경북도를 제외한 한국 전역에 약 4만 6천 정보(매수가격 약 1천만 엔)에 달했으며, 전라남도에는 1926년 말까지 19군 194면에 걸쳐 11,560정보(논 8,200정보, 밭 2,330정보, 잡종지 100정보, 산림 900정보, 죽림 30정보)였다.

　동척의 궁삼면 토지 집적은 농민의 토지 소유권을 불법적으로 매수했다는 면에서 다른 지역의 경영과 달랐다. 동척은 소작인들의 저항을 진정시키기 위해 관개 시설을 정비하고 비교적 낮은 비율의 소작료를 정하는 등 온건·회유책을 제시했다.

　〈표 1〉은 1925년 10월까지 동척의 궁삼면 소유지를 나타낸 것으로 논 1,164정보, 밭 446정보, 택지 26정보, 합계 1,636정보이다. 면별 분포를 보

면 세지면 721정보, 봉황면 89정보, 영산면 477정보, 왕곡면 322정보, 다시면 27정보이며, 논과 밭의 비율은 약 3대 2이다. 1928년 나주의 경지 면적이 약 27,718정보였으므로, 궁삼면의 경지 면적은 나주의 약 6%에 해당했다.

〈표 1〉 동척의 궁삼면 소유 면적(단위: 정보)

	논	밭	택지	합계
세지면	537	176	6	721
봉황면	46	42	1	89
영산면	354	116	7	477
왕곡면	222	88	12	322
다시면	5	22	0	27
합계	1,164	446	26	1,636

출전: 警務局『舊宮三面土地問題槪要附表』
(※ 1정보 이하는 무시했기 때문에 합계가 일치하지 않음)

〈표 2〉는 동척의 소작인 호수를 나타낸다. 1925년 10월까지 소작인 수는 연고 호수로 동척 소작인 1,356호, 비동척 소작인 79호, 구역 외 거주자 256호, 다른 면으로 이주한 자 84호, 소계 1,570호였다. 비연고 호수로 전입 소작인 214호, 일본인 이민과 기타 375호, 소계 589호, 합계 2,364호가 거주했다. 연고 호수 중 동척 소작인 이외에 구역 외 거주자와 다른 면으로 이주한 자가 존재하는 것은 동척의 토지 집적 이전 궁삼면이 궁장토로 편입되었을 때, 타지로 이주한 소작인이 속출했기 때문이다. 또 비연고 호수는 동척의 소유권 확정 이후 분가 또는 중간 소작 등으로 명부에 미기입된 자가 있었기 때문이다.

<표 2> 동척 소작인 호수(단위: 호)

내역	구분	호수
연고 호수	현동척 소작인	1,356
	비동척 소작인	79
	구역외 거주자	256
	타면으로의 이주자	84
	소계	1,775
비연고 호수	전입 소작인	214
	일본인 이민 및 기타	375
	소계	589
합계		2,364

출전: 警務局『舊宮三面土地問題槪要附表』

　동척의 토지 경영은 설립 당초의 방침인 일본 농업 이민의 유입으로부터 시작되었다. 잘 알려져 있듯이 동척 이민에는 제1종 이민과 제2종 이민이 있는데 주로 삼남 지방에 많이 분포했다.

　<표 3>은 1912년 5월까지 궁삼면에 입식된 이민 호수와 인구수이다. 이에 의하면 3면 9개 리에 합계 42호, 208명이었다. 할당 면적은 논 77.1정보, 밭 8.1정보, 택지 1.5정보, 합계 86.7정보였다. 1호당 면적은 약 2정보(소위 지주 을에 해당)였음을 알 수 있다. 1926년 말까지 전라남도의 이민 호수는 708호(인구 4,000명)로 전국 제2위였는데, 특히 나주 지역의 비율이 높았다. 이 중 613호는 2정보 이상, 95호는 5정보를 분양받았다. 각각 제1종과 제2종 이민에 해당한다. 이민의 분양 총면적은 논 1,520정보, 밭 110정보, 합계 1,630정보로 이는 당시 동척의 전라남도 사유지 면적의 약 15%였다.

⟨표 3⟩ 궁삼면의 동척 이민 (단위: 호 · 명)

이민거주지		호수	이민수
상곡면	동방리	7	42
지죽면	봉정리	6	22
	성내리	2	10
	동진리	3	13
	부지리	4	27
	용산리	10	43
욱곡면	세산리	3	7
	동량리	4	27
	동령리	3	17
합계		42	208

출전: 『매일신보』 1912년 5월 14일 자

동척 이민의 입식은 이민 배당지를 강제로 수용한 것이었기에 결과적으로 한국 농민의 경작권을 빼앗았다. 동척은 토지 소유권을 수탈해 소작료를 징수하는 것에 그치지 않고 한국 농민의 경작권까지 박탈하기에 이르렀다.

농민들은 동척이 이민자를 위해 세운 집들을 파괴하고 농기구를 탈취하는 등 이민 입식에 격렬히 대항했다. 1912년 총독부 경무국은 사건을 수습하기 위해 당분간 이민을 실시하지 말도록 동척에 지시할 정도였다. 동척 이민 입식에 따른 경작권 박탈의 대표적인 사건이 이회춘(李回春) 어머니 살해 사건이다. 사건 전모는 다음과 같다.

한 동척 사원이 토지 매수 직후 궁삼면에 출장해 이회춘 소유지를 이민 배당지로 선정해 강제로 토지 분할 표목을 박으려 했다. 이를 목격한 이회춘의 어머니는 "이 논은 우리 소유인데 표목을 박는 이유가 무엇이냐"며 소리치고 표목을 뽑아 버렸다. 그러자 일본 헌병이 군홧발로 그녀의 가슴을 걷어차자 논두렁에 고꾸라져 즉사하고 말았다.

이회춘은 비분하며 경성 고등 법원 검사정에 애소하려 참살당한 어머니 사체를 지게에 지고 이웃 네 명과 함께 밤에 집을 나섰다. 하지만 영산포 부근 남평에 이르러 헌병에 발각되어 어쩔 수 없이 영산포로 돌아왔다. 무정한 헌병은 이회춘이 부대 앞에 다다르자 한 발도 움직이지 못하게 하고 그 자리에서 강제로 장례를 치르게 하자, 억울하게 참살당한 어머니를 망연히 보내는 이회춘의 서러운 울음소리만 하늘을 찔렀다.

동척의 궁삼면 토지 경영은 토지 매수 직후 설치된 영산포 출장소를 거점으로 이루어졌다. 출장소 주위에는 농민들의 저항에 대비해 파출소 네 곳이 설치되었다. 토지 관리 조직으로는 소작인과 직접 접촉하는 외무원제를 창설해 영산포와 세지면 두 곳에 외무원 주재소를 설치했다. 그곳에는 동척 사원을 주재시켰고, 주재소 관할 구역 이외의 지역에는 전임 담당원을 배치했다. 동척은 토지 매수와 함께 새로이 동척소작인조합을 조직하고, 조합장(농감이라고도 불림)에게는 보수로 회사 전속

1914년 3월 12일 자 『朝日新聞』 조선 농업 이민 모집 광고
출처: 『아사히신문』(閲蔵||ビジュアル)

논을 경작하게 했다. 이외에도 증산조합, 농사개량조합, 산미개량조합 등 여러 단체를 조직하여 산미 증산과 함께 토지탈환운동이 전개될 경우 이들을 앞세워 자위단으로 활용하려 했다.

〈표 4〉는 궁삼면 논 소작료로, 평균 소작료는 4할 5분이며, 평균 반당 수확 2.119석의 소작료는 0.953석이었다. 소작료율은 4할 5분으로 일반 민유지 소작료율이 공과금을 제외한 약 5할이었음을 감안하면 다른 지역보다 낮았다. 이는 토지 매수 당시부터 농민들의 반발을 없애기 위한 일종의 회유책이었다.

〈표 4〉 궁삼면의 논 소작료(단위: 석)

지역	반당 평균 수확	소작료 평균 비율	반당 평균 소작료
세지면	1.807	4할 5분	0.813
봉황면	1.804	4할 5분	0.812
영산면	2.138	4할 5분	0.962
왕곡면	2.431	4할 5분	1.094
다시면	2.413	4할 5분	1.086
평균	2.119	4할 5분	0.953

출전: 警務局『舊宮三面土地問題槪要附表』

그러나 동척은 1920년 산미증식계획에 따라 쌀 수확량이 증가했다는 이유를 들어 소작료를 점차 인상하여 실제는 수확고의 6~7할에 이르렀다. 따라서 농민들은 토지 반환 요구 외에 소작료 인하 진정서도 제출했다. 1924년 4월 왕곡면 소작인 103명은 다음의 진정서를 제출했다.

본 면 토지 전부는 귀사의 소작지인데 소작료가 다른 면보다 높다. 1922년 2월에 탄원서를 목포지점장에게 제출할 때 이후 소작 계약 시에 감제하겠다고 밝혔다. 그러나 감제는커녕 1석당 몇 되씩 증수하려 한다. 농사 개량으로 수확이 증가했다지만 6할 내지 7할의 소작료를 납입한다면 소작인들은 살아갈 방도가 없다. 이에 탄원서를 제출하니 특별한 처분을 내려 감제해 주기 바란다.

- 全羅南道警察部高等警察課, 『宮三面土地問題ノ概要』, 1925, 55쪽

〈표 5〉는 소작료 조정액과 실제 수납액이다. 동척의 소작료 징수법은 타작법을 폐지하고 집조법과 정조법으로 차츰 변경되었다. 궁삼면에서는 1924년부터 정조가 실시되었다. 〈표 5〉에 의하면 1924년까지 소작료 조정액은 총 131,358석으로 실제 수납액은 98,693석이었다. 토지 소유권 반환 재판이 진행된 1912년부터 1914년까지는 소작료 징수가 거의 불가능했으며, 동척이 승소한 후에는 점차 강화되었다. 동척은 소작료를 징수할 때 헌병의 지원을 받아 소작료 납부를 거부하는 농민들의 수확물을 강제로 집행하기도 했다.

〈표 5〉 소작료 수납 상황(단위: 석)

연도	조정액	미납액	감면액	실수납액
1911				2,628
1912				118
1913				67
1914	27,552	24,718		21
1915	8,710			6,858
1916	7,387			6,804
1917	10,785	216		10,569
1918	10,251			10,251
1919	9,549			9,549
1920	8,821			8,821

1921	11,481		825	10,656
1922	12,339		827	11,512
1923	12,295		146	12,149
1924	11,738		3,048	8,690
합계	131,738	24,935	4,846	98,693

출전: 警務局『舊宮三面土地問題槪要附表』
(비고: 1909년과 1910년의 소작료는 면제 / 1921년도부터 소작료는 정조 / 1914년도 조정액과 미납액은 1911년도부터의 누계)

이처럼 동척이 궁삼면 토지를 불법적으로 수탈함에 따라 궁삼면 농민들의 지위는 자소작농에서 동척 소작농으로 전락했다. 동척의 토지 매입과정은 무력을 동원한 강제 조치여서 필연적으로 동척을 상대로 한 토지 소유권 분쟁이 발생했다.

10
토지 소유권 확인 소송 전개

　동척의 불법 토지 매수 이후 궁삼면 농민들은 합법 투쟁 방식으로 재판을 통해 토지 소유권을 확인하는 소송을 제기했다. 이들은 "토지 소유권은 우리에게 있으므로, 아무리 동척이 회사의 규칙에 따라 토지를 매수했다 하더라도 소송을 제기해 권리를 회복하는 것이 불가능하지 않다"며 동척을 상대로 토지 소유권 확인과 반환 청구 소송을 제기했다. 당시 토지조사사업 시행 과정에서 토지 소유권 분쟁이 끊임없이 발생했는데, 궁삼면의 토지 소유권 반환 소송은 일본인 지주의 불법적인 토지 집적을 법률적으로 확정한 것으로, 농민들의 권리를 철저히 무시한 상징적인 사건이었다.

　농민들은 동척에 소송을 준비하고, 1912년 1월부터 2월까지 나주군수, 도장관, 영산포 헌병 분대장, 전남경찰서 경무부장 등에게 각각 토지 반환을 요구하는 청원운동을 전개하여 1912년 1월에는 영산포 헌병 분대장에게 3회에 걸쳐 100여 명이, 1월 말에는 도장관에게 100여 명이, 2월에는 나주군수에게 200여 명이, 그리고 도장관과 경무부장에게는 600여 명씩 청원에 나섰다. 그러자 전남경찰서는 "청원 방법이 온당치 못하다"는 이유로 이들을 강제로 해산시켰다. 이때 경찰부장은 다음과 같이 농민들을 협박했다.

> 민유인지 아닌지는 사법권에서 판단할 일이다. 도장관 경찰부장이 어떻게 할 수 없는 일이다. 면민의 사정은 딱하지만, 이 문제는 법률상 논쟁의 여지가 없고, 결국 면민의 패소로 끝날 것이다. 따라서 쓸데없이 비용을 들여 청원운동이나 대중운동을 벌이는 것은 절대로 용납하지 않겠다. 만약 집회를 하려면 대표자를 보내 미리 연락을 취하라. 마음대로 집회를 연다면 단연코 처벌하겠다.
>
> - 全羅南道警察部高等警察課, 『宮三面土地問題ノ槪要』 1925, 34~35쪽

농민들은 토지 소유권 소송을 제기했다. 서화현(徐化賢) 외 1,493명은 1912년 3월에 광주 지방 법원에 소송을 제기하고, 양성진 외 16명은 심리 과정에서 소송 확장으로 토지 인도 청구 소송도 제기했다.

이들은 '계쟁지는 원고(농민들)의 소유지로 고등 재판소의 판결로 소유권이 확인되었음에도 전성창은 허위로 토지 소유권을 경선궁으로 넘겼고, 경선궁이 다시 피고(동척)에게 팔아 계쟁지가 여러 번 탈취되었으므로 토지 소유권 확인과 인도를 요구한다'고 제소했다. 양성진 외 16명의 소유지는 앞에서 말한 것처럼 종래의 경선궁장토와는 관계없는 논 152.5두락 외 89필지로, 동척의 토지 매수 과정에서 불법 수탈당했다.

동척은 농민들의 주장에 여러 구실을 붙이며 "관청의 적법한 행정 처분에 의해 소유권이 확정된 것을 매수한 것으로 왜곡하는 원고의 주장은 행정 처분의 개폐(改廢)를 시도하려는 소송에 불과하다"고 항변했다. 그러면서 "본 건과 같이 확인 소송만을 제기하는 것은 법률상 허용될 수 없는 부적절한 것이다. 게다가 원고 중 113명은 존재하지 않으며, 6명은 사망한 자이므로 소송 능력과 대리에 결함이 있다"는 구실을 내세웠다.

심리 결과 1912년 6월 재판부는 양성진 외 16명의 토지에 대한 동척의 주장에 대해 "행정 처분을 받은 것은 경선궁으로 피고가 아니다. 따라서 직접 처분의 개폐를 요구하는 것이 아니다. 그러나 본 건은 사법 재판에 구제를 요구할 수 있는 사항이므로 항변의 이유가 없다. 신소(新訴, 토지 인도 청구 소송)를 소송의 확장이라 주장하는 것은 용납되지 않는다"며 동척의 주장을 기각했다.

그 밖의 소송에 대해서는 "구두 변론에서 원고는 1912년 2월 이전에 피고가 계쟁지를 탈취했다고 자인했다. 따라서 피고가 점유한 토지에 대해 원고가 급부를 요구할 수 있는 상태에 있으므로 확인만을 위한 소송은 부적법하다"며 농민들의 토지 소유권 확인 소송을 각하했다.

판결문은 '원고 16명이 확인과 더불어 인도를 요구하는 소송에 대한 피고의 항변을 기각한다. 전항 이외의 모든 소송을 각하한다. 소송 비용은 제1항 16명의 원고가 평등 분담한다'고 했다. 재판부는 동척의 토지 매수 과정의 부당성을 위법한 것으로 판결하면서도, 농민들의 토지 소유권 확인 소송에 대해서는 소송 수속 문제를 이유로 각하했다.

이런 판결에도 불구하고 농민들은 1912년 11월에 '동척에서 납부하던 지세는 토지 관계자가 납입하는 것이 나중의 소송에서도 유리하다'며 같은 해 지세로 1결당 8원 40전을 표준으로 약 250여 결의 지세 총계 1,800여 원(욱곡면의 지세분)을 나주군청에 납부했다. 또 1912년 12월에는 다시 광주 지방 법원에 토지 소유권 확인 겸 인도 청구 소송을 제기했다.

그러나 재판부는 1913년 10월에 임시 제실유 및 국유재산조사국 사정에 농민들의 이의 제기가 없었다는 이유를 들어 동척의 토지 매수를 적법한 것으로 간주했다. 재판부의 판결 이유는 다음과 같다.

계쟁지는 이미 1908년 2월 15일 자로 경선궁유로 결정되었다. 이 결정은 같은 해 1월 18일 임시 제실유 및 국유재산조사국이 제실유와 국유 재산 정리에서 민유 재산일 때는 이를 조사해 처분할 수 있다는 칙령 제2호 제1조에 따라 이루어진 것으로 적법한 행정 처분이다. 이 처분에 대해 농민들의 청원이 발생했을 경우 조사국은 이를 심사·결정할 직권을 가지고 있다(동 칙령 제10조에 명시). 이에 이의가 있는 자는 조사국에 청원해야 한다. 청원 수속을 하지 않으면 처분이 확정되어 변경을 요구할 수 없다.

재판부는 동척의 주장도 기각해 외면상으로는 농민과 동척 양자에게 공정한 듯한 태도를 보이면서, 농민들의 소송 절차상의 결함을 문제 삼고, 사법권보다 행정 처분을 앞세운 판결을 내림으로써 동척에게 유리한 상황을 만들어 주었다. 이런 판결의 배후에는 총독부의 권력이 개입한 것으로 여겨진다. '소송 진척과 관련해 사법부와 교섭할 것'이라는 경무총감부의 소송 대책에서도 알 수 있듯이 관헌은 사전에 사법부와 면밀한 관계를 맺고 있었다.

판결로 힘을 얻은 동척은 곧바로 궁삼면에 사원 50~60명을 파견해 소작료를 징수했다. 소작미가 부족할 경우 대물로 가구, 집기 등을 압수하는 등 강제 징수에 착수했다. 농민들은 "동척이 어떠한 회유 방법을 강구하더라도 토지를 환부할 의사가 없는 이상 이에 응하지 않겠다"며 소작료 납부를 전면 거부했다.

동척의 소작료 산정은 연간 벼 7,000석이었는데, 실납 소작료는 1911년 2,628석, 1912년 128석, 1913년 67석, 1914년 21석에 불과했다. 그러자 전라남도 경무부는 치안 유지라는 명목으로 '삼면 구역에 헌병을 증원하여 배치할 것, 면민의 대중 집회를 금지할 것, 위반자는 남녀를 불문하고 가차 없이 처분할 것, 주모자를 검거할 것, 소작료 징수는 도청에 일임하고 경찰은 관여하지 않을 것'이라는 방침을 세우고 농민들의 소작료불납동맹 결성을 철저히 저지했다.

한편 패소에 직면한 농민들은 1913년 12월에 대구 복심 법원에 공소했다. 동척은 심리 과정에서 경선궁 측을 증인으로 내세우며, 동척이 패소할 경우 경선궁에도 손해 배상의 의무가 있다는 명목으로 유리한 진술을 종용했다. 앞에서도 말했듯이 동척은 토지 매매 계약 당시 경선궁과 농

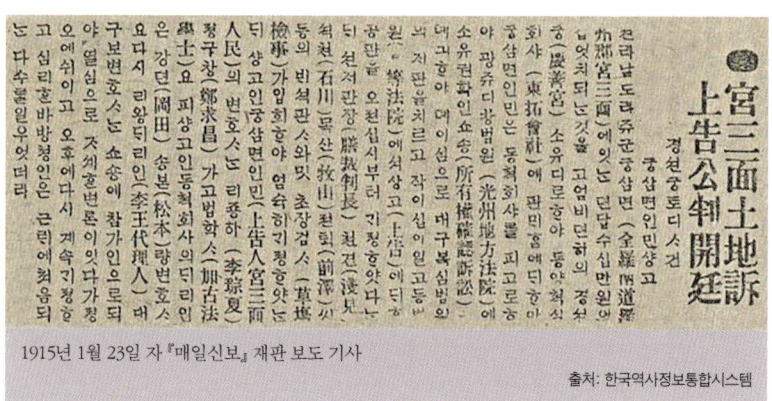

1915년 1월 23일 자 『매일신보』 재판 보도 기사

출처: 한국역사정보통합시스템

민들 간에 소송이 일어나 패소할 경우 손해 배상은 모두 동척이 부담한다는 보증 문서를 교부했다. 그러나 동척은 실제로 소송이 제기되자 역으로 경선궁 측에 배상 책임의 분담을 요구했다. 하지만 농민들은 제2심(1914년 5월 판결), 제3심(1914년 9월 상고, 1915년 2월 판결)에서도 전면 패소 판결을 받았다.

농민들은 패소 판결 후 1915년 9월에 광주 지방 법원에 토지 소유권 확인과 증명 말소 소송을 제소했다. 이들은 두 번째 법정 심리에서 다음과 같이 구두 진술했다. 여기에는 토지 소유권에 대한 법적 근거와 기본 판결에 불복한 이유가 잘 나타나 있다.

1913년 이 법정에서 삼면 토지는 면민의 사유지라는 판결이 내려졌습니다. 그러나 동양척식주식회사는 여전히 토지를 점유하고 반환하지 않고 있습니다. 우리는 토지 인도 소송을 당 법원에 제기했지만, 소칙의 효력은 사법 재판이 좌우할 수 없는 부분이라며 면민의 패소 판결을 내렸습니다.… 1897년 한국 황실 폐하의 고등 재판소는 삼면 토지는 면민의 소유라고 판결했고, 국유재산조사국위원회도 삼면 농민들의 사유지라고 사정했습니다. 통감정치 시대에 민유지 무상 몰수라는 소칙이 있을 이유가 없습니다.… 한국 시대의 공명한 판결과 사정은 합방 후에도 유효한 것으로 생각됩니다. 하물며 바로 이 법정에서 삼면 토지는 면민의 소유라는 판결을 내리지 않았습니까? 우리는 1888년 이후 악한 폭리들에게 끊임없이 시달렸으며, 소유 전답은 항상 위협한 상태에 놓여 있었고, 수확물은 거의 탈취 당했습니다. 합방이 되어 탐관오리의 질곡에서 벗어나 공명정대한 일본의 법치 아래 생활의 안정을 얻을 수 있게 되었다고 기뻐할 틈도 없이, 여

우같은 동양척식주식회사의 중역들이 한국 시대의 폭리와 경선궁 무뢰배와 공모·결탁하여 폐하의 선량한 적자인 우리 면민의 생명인 전답을 탈취하려 합니다.

사태가 악화될 것을 우려한 총독부 경무국은 1915년 11월에 '도 경무부와 동척 간부 입회 하에 면민을 회유할 것, 설득에 응한 자에게는 승인 조인을 받을 것, 설득에 응하지 않는 자에게는 소송을 제기하고 가차압을 집행해 소작을 해제할 것, 설득에 응한 자에게는 계속 소작을 줄 것, 4년 동안 내지 않았던 소작료는 5년 연부 상환을 허락할 것, 소작료는 종래의 예에 따라 함부로 변경하지 않을 것, 당분간 이민시키지 말 것, 설득 전후 경계는 경무부가 유감이 없도록 신경 쓸 것'이라는 방침을 내려 곧바로 농민 대표 52명을 소환해 소작료 납부를 둘러싼 계약서에 날인을 강요했다.

계약서에는 '1911년부터 1914년까지 4년 동안 내지 않았던 소작료에 대해 1년 미납자는 1916년부터 5년 연부, 2년 미납자는 1916년부터 10년 연부, 3년 미납자는 1916년부터 15년 연부, 4년 미납자는 1916년부터 20년 연부로 납입할 것. 1915년도 소작료는 지체 없이 납입할 것'이라는 내용이 적혀 있었다.

농민들이 다시 소송을 제기했다. 이에 경무국은 동척에게는 소작료 증징과 이민 입식을 금지하는 등 온건책을 지시했고, 농민들에게는 관헌의 설득에 응하지 않을 경우 소작 해제 등의 강경책을 실시할 것임을 알렸다. 이에 농민들은 "동척 사원을 죽여라. 영산포 헌병 분대를 불살라 버리자"며 계약 체결을 전면 거부했다.

그러자 동척은 세 번째 개정 전에 대대적인 탄압을 벌였다. 동척 사원과 헌병 700여 명이 궁삼면에 출동해 모든 면을 포위하고, 남녀노소를 불문하고 모든 인민을 광장으로 끌어내어 주요 지주 130여 명을 포박해 영산포 헌병 분대와 광주 감옥에 투옥했다. 또 나머지 2만여 명의 남녀노소는 집안에 감금시켜 집밖으로 나오지 못하게 하면서 삼면의 토지가 동척의 소유임을 강요했다. 동척은 과거의 소작료도 지불하겠다는 증서에 날인을 강제하고, 이에 응하지 않는 자는 포승으로 결박하거나 목검으로 구타해 다수의 중경상자가 속출했다. 이 과정에서 나정문(羅正文)은 사망했고, 윤락준(尹洛俊)의 부인은 임신한 상태에서 온몸이 걷어 채여 유산했다.

이상과 같이 동척은 토지 매수 후 곧바로 소작료 강제 징수에 나섰다. 농민들은 소작료불납동맹을 결성하고, 지세납부운동을 전개하며, 토지

동척 영산포 문서고

출처: 나주시

소유권 확인 소송과 토지 소유권 청구 소송을 제기하는 등 다양한 토지 탈환운동을 전개했다. 그러나 토지조사사업 시기에 이루어진 일련의 판결에 따라 동척은 토지 소유권을 법적으로 인정받게 되었다. 농민들이 제기한 소유권 확인과 증명 말소 소송은 1916년 2월 관헌의 무력 탄압으로 농민들이 출석하지 못함으로써 패소하고 말았다. 이로써 소송을 통한 토지탈환운동은 좌절될 수밖에 없었다.

11
3·1운동과 궁삼면

　동척의 토지 매수 이후 농민들이 전개한 토지반환청구소송운동은 패소로 끝났다. 이로써 동척이 수탈한 토지는 식민지 권력으로부터 합법성을 부여받게 되었다. 소송을 통한 토지 반환이라는 농민들의 요구는 좌절되며 토지탈환운동은 한동안 침체 상태에 빠졌다. 이후 농민들은 1915년 12월 대표 5명을 뽑아 전라남도 도장관에게 요구사항을 전달했다.

　① 택지, 밭, 묘전 등을 민유지로 인정할 것.
　② 4년간 미납한 소작료를 면제해 줄 것.
　③ 1915년도 소작료는 논을 상·중·하로 나눠 소작인과 함께 조정할 것.
　④ 황무지, 새로운 기간지 논 등은 민간 소유로 인정할 것.
　⑤ 회사의 소작료는 생산액 1석에 8~9두를 징수할 수 있는 상태라도 4~5두로 경감해 줄 것.

이 요구서에는 동척의 기간지 논 이외의 택지, 밭, 묘전 그리고 황무지와 새로운 기간지 논 등의 소유권 반환을 요구하고, 동시에 소작료 징수 방법 개선을 요구하는 항목 등이 포함되었다. 그러나 당국은 헌병 90여 명을 궁삼면에 급파하여 농민 대표 7명을 보안법 위반 혐의로 검거하며 이를 거부했다.

토지탈환운동이 재개된 것은 3·1운동 이후였다. 일본 제국주의의 잔학한 착취와 동척의 토지 수탈을 몸소 체험한 농민들은 3·1운동을 계기로 새로운 형태의 토지탈환운동을 시작했다. 만세 시위는 1919년 3월 15일에 나주 읍내에서 시작되어 3월 27일 다시면으로 이어졌다. 궁삼면 지역과 관련해서는 3월 27일 영산포, 4월 1일 세지면·왕곡면 등을 중심으로 이어졌다. 특히 세지면과 왕곡면에서는 검속자가 10여 명에 이를 정도로 치열하게 전개되었다. 만세 시위는 공산면, 동강면, 문평면, 노안면, 금천면, 다도면, 산포면, 봉황 등으로 번져 나갔다.

총독부는 영산포 시위에 대해 '수백 명의 군중이 소요를 일으킬 기세여서 광주 지방 법원 판사와 검사 5인 등을 급파해 엄중히 경계했다'고 기록했다. 주목할 대목은 판사와 검사 5인이 파견된 점이다. 총독부의 3·1운동 탄압은 해당 지역의 헌병과 경찰을 동원한 무력 진압이었다. 그런데 판사와 검사가 헌병이나 경찰보다 탄압의 선두에 섰다는 것은 특기할 만하다. 이는 총독부가 소송을 통한 토지 소유권 반환이 좌절된 농민들에 대한 대응책으로 재판 담당자였던 판사와 검사를 파견한 것으로 추정된다.

한편, 동척 각 지점은 3·1운동 이후 관할 소작인들의 동정을 본사에 보고했다. 이를 살펴보면 동척은 3·1운동 정세를 다음과 같이 보고했다.

불온 정도는 북선에서 심하고 남하함에 따라 차츰 경미하다. 그리고 본사 업무 중 직접 선인(鮮人)을 접촉하는 사항은 남선이 많고 북선은 적기 때문에 지금은 불온의 영향을 적게 받고 있다. 각 지점에서는 아무런 일이 없도록 세심한 주의를 기울이고 있다.

- 東洋拓植株式會社, 『東拓月報』 제3호, 1920년 10월, 87쪽

이 가운데 궁삼면을 관할하는 목포지점의 1920년 9월 14일 자 보고서에는 '시위 발원지로부터 멀기 때문인지 다른 지방에 비하면 아주 평온하다. 하지만 최근 청년회, 노동조합 등 단체가 증가해 사태가 악화되는 경향에 있다. 사유지 소작인에게도 감염된다면 사태는 심각해질 것이므로 현재 극력 예방 중'이라는 내용이 있다. 여기서 '발원지'는 서울을 지칭하며, 다른 지방과 마찬가지로 3·1운동 이후 나주에서도 많은 청년 단체가 조직되었다. 영산포청년수양회, 호성청년회, 남평청년회 등이 차례로 결성되어 농민들의 의식을 고양하기 위한 강연회와 야학 등 계몽 활동이 전개되었다.

이와 함께 3·1운동 이후 영산포 지역에서는 영산포, 광주, 목포 등의 면화 중매인과 경작 농가들이 협력해 서울에 대표자를 파견하는 등 면화구매조합 타파 운동을 전개했다. 이는 조선면화주식회사, 남북면화주식회사, 스즈키 상점[鈴木商店] 면화부 등 3사가 이 지역의 면화 매매를 독점하기 위해 면화구매조합을 결성한 것에 반대하는 것이었다. 이 운동은 동척의 토지 수탈과 밀접한 관련이 있다. 즉, 나주의 주요 수출품 중 하나인 쌀과 면화는 목포와 그 출장점인 영산포 상인에 의해 매매가 좌우되었다. 그러나 토지를 매수한 동척은 경작자라 하더라도 일반 농민이 매각

할 수 없게 했고, 중매 상인의 이익도 배제하려 했다. 그러자 농민들과 중매 상인들이 합심하여 조합타파운동을 전개한 것이다. 이후에 전개된 토지탈환운동과 관련해 볼 때 서울로 대표자를 파견하여 청원하는 등 지역의 문제를 중앙의 문제로 환기하려는 농민운동의 선진적 양상이 주목할 만하다.

궁삼면 토지탈환운동이 수년간 침체기에서 벗어나 새로운 단계를 맞이한 것은 이러한 3·1운동 이후의 상황 변화에 따른 것이었다. 농민들은 무단통치에서 소위 문화정치로 총독부의 통치 방침이 바뀌자 궁삼면 문제를 다시 문제 삼아 숙원을 이루려 했다. 그 일환으로 1919년 9월에 대표 4명을 동척 본사로 보내 '원가 반환을 실행하든가 아니면 해당 토지의 절반을 무상 교부할 것'을 요구하자 동척은 타협안을 제시했다.

① 현재 거주하는 집터[家垈]는 희망에 따라 공정지가의 5할을 연부 상환하는 방법으로 매도한다. 단, 연부 기간은 최장 20년이며, 이자는 연 1할로 한다.
② 묘전은 공정지가의 5할이며, 연부 원리 균등상환 방법으로 매도한다. 단, 연부 기간은 최장 10년이며, 이자는 연 1할로 한다.
③ 이에 대한 연부 양도 계약이 성립되면 지세 공과는 매수인이 부담하고, 연부금 전부를 상환한 뒤 소유권을 이전한다. 만일 체납액이 있을 경우 자연히 계약이 해지된다.

타협안으로 제시된 연부 상환은 농민들에게는 아주 불리한 것이었다. 이에 농민 200여 명은 1919년 11월에 영산포 시장에서 집회를 열고 타

1919년 11월 2일 『每日申報』에 재연된 궁삼면 사건
출처: 한국역사정보통합시스템

협안 철회와 무상 반환을 요구했다. 그러면서 '동척 창고에 폭탄을 던지자'는 전단을 궁삼면 전역에 배포하고, 1921년도 소작료 사정 대상인 10,850석 중 800석만 납부하며 전면적으로 대항했다. 나주경찰서는 경찰범처벌규칙에 따라 농민 대표 수명을 검거하고 탄압했다.

1925년 봄 이후 토지탈환운동은 농민 대표가 일본인 사회주의자와 외부 인사들의 원조를 받아 운동을 재개함으로써 토지 문제를 사회 문제로서 확대하는 새로운 양상으로 나타났다. 서울에 거주하는 농민 대표 박규양(朴奎陽)은 1925년 6월에 모리시마 다다즈미[森島忠篤, 일명 森島黎民], 후쿠다 야사부로[福田彌三郞, 일명 福田一]에게 토지 문제에 개입해 줄 것을 요청했다. 모리시마는 일본석방자연맹(日本釋放者連盟)의 중앙집행위원장·일본아마시석방회(日本尼市釋放會) 집행 위원이었고, 후쿠다는 동양의 회원(東洋議會員)이었다. 이들은 "종래와는 달리 내무국과 경무국 국장, 동척 총재 등과 회견해 양해를 얻어낼 수 있다"며 총독부 고위 관료와 신뢰가 있으므로 바라는 대로 이룰 수 있다고 호언했다. 그러면서 6월 10일에 총독부 전 내무국장 오츠카[大塚]를, 6월 15일에 동척 총재 와타나베 가

쓰사부로[渡辺勝三郞]와 경성 지점장을 각각 방문해 교섭을 시작했다.

농민들은 두 번에 걸친 교섭으로 총독부 당국과 동척 총재 사이에 토지 환부 협정이 성립되었다고 판단하고, 6월 28일에 영산포에서 토지 문제 해결 과정을 보고하는 면민 대회를 개최하려 했다. 그러나 영산포 주재소의 금지 처분으로 개최되지 못하다가 도청과 나주경찰서의 교섭으로 6월 30일에 3면 13개동 대표 50명만 참가하는 조건으로 허가를 받았다.

모리시마는 면민 대회에서 궁삼면 사건과 관련해 총독부 내무·경무국장과 동척 총재 등이 머지않아 어떤 형태로든 해결하겠다고 하니 앞으로 두 달간 이를 주시하자고 보고했다. 그러나 그의 보고는 자의적인 판단에 불과했다. 모리시마 등의 적극적인 개입에도 불구하고 토지는 반환되지 않았을 뿐 아니라 당국자의 해결안조차 제시되지 않았다. 이후 모리시마 등은 관헌의 제재로 궁삼면 토지 문제에서 손을 떼게 되었다.

모리시마와는 다른 또 하나의 움직임도 있었다. 혼조 나미에[本庄波衛, 明愛貯金銀行重役]가 서울에 거주하는 정병조(鄭炳朝)와 함께 동척의 토지 수탈을 비난한 것이다. 이들은 『궁삼면 사건의 진상과 조선인 인심 안정에 대한 사견(宮三面事件ノ眞相竝朝鮮人心安定ニ對スル私見)』(1925. 9.)이라는 소책자를 발행해 총독부 척식국 등에 배포하는 등 사회적 관심을 불러일으키려 했다. 정병조는 궁삼면 농민회의 고문으로서 당시 일본 우익이었던 도야마 미쓰루[頭山滿]를 잘 알고 있으므로 사태를 해결할 수 있다며 농민 대표와 깊은 관계를 맺었다. 또 사법 서사였던 혼조는 같은 해 8월에 『동척의 죄악사(東拓の罪惡史)』라는 수기도 발표했다.

지금까지 살펴본 농민회 결성 이전의 농민들 동향은 자신들이 직접 참여한 운동이 아니라 일본인 사회운동가가 개입해 여론을 환기하는 것이었다. 이러한 움직임에 대해 동척은 "불량배가 선량한 소작인을 선동하고 사주해 파란을 야기했다"고 했지만, 그들의 힘으로 문제는 전혀 해결되지 않았다. 외부 인물들의 개입은 토지탈환운동에 오히려 혼선을 일으켰고, 농민들은 점차 조직의 필요성을 인식하게 되었다. 그 결과 3·1운동 이후 궁삼면 농민회가 결성되었고, 토지탈환운동은 새로운 단계로 접어들게 되었다.

12
궁삼면 농민회와 토지회수운동동맹

1925년 10월 9일, 농민 1,200여 명은 영산포역·나주역 부근에서 면민 대회를 개최하고, 지금까지 아무런 성과를 얻지 못한 이유는 결속력 부족에 있다고 판단했다. 그러면서 농민 대표 이화춘(李和春, 왕곡면 면장)은 운동 방침으로 "동척이 매수한 당시 가격으로 토지를 환부받을 것인지, 아니면 무상으로 환부받을 것인지" 결정할 필요성을 제기했다. 그러자 농민들은 유상 반환파와 무상 반환파로 나뉘었다. 면민 대회에서는 논란 끝에 대표위원 41명을 선출하고, 이들에게 앞으로의 운동 방침을 결정하도록 위임했다. 10월 11일에 대표위원들은 왕곡면 덕산리 황필선(黃弼善)의 집에서 위원회를 개최해 방침을 결정했다.

① 구 궁삼면 구역 내에 농민회를 설립한다.
② 해당 토지에 대해서는 원가 환부를 요구하기로 한다. 출금 방법은 앞

으로 3회 10일간 매도대금으로서 1두락당 1~5원을 표준으로 징수하고, 집금액은 은행 또는 우편국에 예입한다.

위원회는 농민들의 의견이 무상 반환과 유상 반환으로 일치되지 않은 상황에서 법률적으로 무상 반환이 어렵다고 판단했다. 10월 20일 동척과 정식으로 유상 반환 교섭을 개시하기로 결의하고, 1,395명이 연서한 청구서를 동척 영산포 출장소에 제출했다. 10월 26일에 다시 열린 면민 대회에서 위원회 결의에 따라 궁삼면 농민회를 정식으로 조직했다. 설립 목적은 '상호 부조와 농민들의 실생활 안전을 도모한다'로 규정했다. 즉, 토지 문제로 파생된 농민들의 생활고를 해결하는 데 총력을 기울이고자 했다.

농민회의 체제는 중앙집행제이며, 의결 기구로는 정기 총회, 임시 총회, 집행위원회, 구역회 등이 조직되었다. 조직과 구성원을 보면 설립 당시는 서무부, 조사부, 교양부, 경리부, 토지회수운동부 등이 설치되었으며, 나중에 토지회수운동동맹이 결성되면서 토지회수운동부 대신 외교부가 신설되었다. 농민회 위원장에는 이화춘, 서무부에는 이제호(李濟鎬)·박승효(朴勝孝)·유영훈(柳永勳), 조사부에는 권평원(權平原)·나재기(羅在基), 교양부에는 박승재(朴勝才)·박승규(朴勝奎)·최재홍(崔在洪), 경리부에는 박익서(朴益緖)·이강영(李康永)·나치구(羅致九), 외교부에는 박순영(朴順陽)·나석운(羅錫運)·김기채(金基采) 등이 선출되었다.

한편, 농민회 지도부는 10월 27일에 농민회 임시 대회를 소집해 유상 반환 교섭에 관한 그동안의 활동을 보고했다. 앞에서 말했듯이 궁삼면 농민회 결성 당시 토지탈환운동의 방침은 유상 반환이었다. 동척이 경선궁으로부터 매수한 가격(약 8만 원)에 토지를 매입한다는 내용으로 보고

나주 궁삼면 항일농민운동 기념비

출처: 나주시

서가 작성되었고 농민회는 이를 동척과 도청에 제출했다.

무상 반환을 요구하는 농민들은 농민회의 운동 방침을 전면 철회할 것을 주장했다. 이들이 유상 반환을 반대한 이유는 무엇보다 궁삼면 토지가 원래 각 개인의 소유지라는 점, 동척이 권력을 동원해 토지를 매수했다는 점, 또 토지를 동척으로부터 매수한다면 이는 궁삼면이 동척의 소유지라는 사실을 스스로 인정하는 결과가 된다는 점 등이었다.

유상 반환 교섭 거부는 농민회를 재편성하는 계기가 되었다. 무상 반환파는 임시 총회에서 유상 반환을 주도한 농민회 간부 수명을 해임하고, 새로운 집행위원장으로 이화춘, 위원으로는 박승효·박익서·권평원 외 14명을 다시 선출했다. 14명은 구체적으로 확인할 수 없으나 나중에 결성되는 토지회수운동동맹 구성원과 비슷했다. 유상 반환을 주도한 일부가 제외되었지만 새로운 농민회는 이전과 커다란 차이를 드러내지는 못했다. 종래의 위원장이 집행위원장으로 개칭되고 위원 14명을 다시 선출했지만 인적 구성은 이전과 거의 비슷했다.

유상 반환 교섭안을 계기로 이루어진 궁삼면 농민회 재편과 더불어 토지탈환운동에서 하나의 전환점이 된 것은 궁삼면 토지회수운동동맹 결성이었다. 농민회 지도부 15명은 10월 30일에 "농민회는 영구적 성질을 지니고 있지만 토지 회수는 일시적인 것이고, 또 농민회에서 토지회수운동을 지휘하면 경찰의 취조가 엄중할 경우 해산할 수밖에 없으므로 농민회와 토지회수운동단체는 분리할 필요가 있다"며, 비밀 단체로서 동맹을 조직했다.

농민회를 조직한 동기가 토지 탈환뿐 아니라 이로 인해 발생한 여러 문제를 해결하는 것이었다는 점을 고려할 때, 농민회의 토지회수운동부를 강화한 조직체가 형성되었다고 할 수 있다. 동맹 회칙에서 '궁삼면 토지를 회수해 실제 생활의 안전을 도모한다'고 주장한 것처럼 동맹 결성 목적으로 토지 회수를 전면에 내걸었다. 조직 구성은 농민회와 거의 같으며 동맹 위원으로 이제호·나재기·염경선·최재홍·나석운 외 16명이 선출되었다. 농민회 집행위원장 이화춘이 제외된 반면, 염경선 등 새로운 인물도 등장했다.

이처럼 농민운동이 조직화되어 가자 궁삼면 토지 문제는 궁삼면 지역 이외의 여러 조직과 사회단체의 관심을 불러일으키기 시작했다. 10월 26일의 면민 대회에는 토지 사건을 조사하기 위해 이완(李玩, 경성노동회), 강석봉(姜錫奉, 전남해방운동자동맹), 김재명(金在明, 광주청년회), 김태호(金太浩, 영산포청년회), 이항발(李恒發, 노동운동자) 등 여러 단체의 간부들이 참석했다. 농민들은 대회가 끝나자 참석자에게 축사를 요청했지만, 경찰은 이를 막고 강제 해산시켰다. 이는 조직 정비를 계기로 농민들과 동척이 새로운 대결 단계로 접어들었음을 예고한 것이었다.

13
동척의 회유와 소작료 불납동맹

　농민운동의 조직화에 따른 농민들과 관헌의 긴장이 심화하자 동척 소작인 조합의 조합장들이 독자적인 행동을 개시하며 새로운 국면을 맞았다. 앞에서 말했듯이 농민들은 1925년 10월 9일 면민 대회를 계기로 궁삼면 농민회와 궁삼면 토지회수운동동맹을 조직하는 등 동척과 전면적으로 대결하기에 이른다. 동척은 농민들의 조직 활동을 파악하고자 동척 소작인 조합장들에게 이들의 움직임을 상세히 보고하도록 강요했다. 이 때문에 조합장들은 농민들로부터 '동척과 내통하는 자'로 비난받았다. 그러자 조합장들은 10월 14일에 궁여지책으로 동척에 사표를 제출하고, 10월 23일에 최관진(崔寬鎭)·봉천규(奉天奎) 외 2명을 동척 영산포 출장소에 파견해 유상 반환을 교섭했다. 교섭 내용은 다음과 같다.

　① 금년도 소작료는 현재 소작료보다 3할을 감액하고, 무기한으로 이어

갈 것.

② 금년도부터 3년간 소작료를 완납한 자에게는 1인당 평균 2반보의 논을 소작인에게 양도할 것.

③ 금년도부터 7년간 체납 없이 소작료를 납부한 우량 소작인에게는 전답 합계 2정보를 양도할 것.

④ 택지는 본 년도 중에 법정 지가로 현재 거주자에게 불하할 것.

⑤ 양산공립보통학교에 2학급을 증설할 것.

요구 사항만 보면 동척 소작인 조합장뿐 아니라 농민들에게도 유리한 조건이었다. 특히 소작료 3할의 무기한 감액은 일반적인 소작료율인 5할과 비교하면 매우 낮았다. 하지만 농민들은 "소작 조합장들이 불합리하고 독단적으로 면민의 의사와 배치되는 교섭을 했다"며 이를 전면 거부하고 조합장들에 대항할 방법을 논의했다. 이처럼 농민들은 3·1운동 이후 유상 반환을 일관되게 거부했다.

그렇다면 농민들이 유상 반환에 거부한 이유는 무엇일까?

먼저 지적할 수 있는 것은 동척의 토지 매수 이후 나타난 궁삼면 정책과의 관계이다. 총독부는 3·1운동 이후 무단정치에서 문화정치로 지배 정책을 전환했다. 한민족의 저항에 불안이 증폭한 지배 당국이 헌병·경찰을 중심으로 한 무력 지배로부터 탄압과 회유의 양면 작전을 구사한 것이다. 동척은 총독부의 회유 정책에 편승해 1917년 7월 소위 토지 양도 계약안을 발표했다. 1912년부터 전개된 농민들의 재판 투쟁을 무마하기 위한 것이었다. 계약안의 내용은 '종래 소작료를 체납하지 않고, 동척의 장려 사항을 준수하며, 회사를 위해 노력하는 자를 우량 소작인으로 삼는다. 이들 64명 중 금년부터 10년간 종전과 같은 비율의 소작료를 지정 기일에 완납한 자에게는 소작 토지 2반보를 무상 양도하고, 또 10년간의 소작료를 5년 이내에 납부하는 자에게는 5년 이내에 양도한다'는 것이었다. 즉, 우량 소작인 64명에게 약 12.8정보를 양도함으로써 농민들 간에 소작농(동척의 1909년 매수에 의해 소작농으로 전락한 대부분의 농민)과 양도 결과 생겨난 소수의 자작농(또는 자작 겸 소작농)이라는 두 계층을 창출하려 했다. 이에 대해 농민들은 1925년 7월에 "우량 소작인으로서 2반보를 양도받은 자 중 우량 소작인 자격을 갖춘 자는 한 명도 없다"며 동척의 토지 양도안에 반대했다. 그리고 무상 반환을 주장하는 농민들은 농민회 지도부의 유상 반환 교섭을 거부하고 토지회수운동동맹을 조직했다. 이런 사정을 고려해 보면 동척 소작인 조합장들의 유상 반환 교섭안에 대한 반대는 당연하다고 할 수 있다. 이들에게는 아무리 유리한 소작료나 반환 조건이라 하더라도 그것은 곧 농민의 토지 소유권을 부정하는 것이었기 때문이다.

　동척 소작인 조합장들의 교섭안에 대한 농민들의 대항은 소작료 불납 형태로 구체화되었다. 토지회수운동동맹은 동척 소작인 조합장들의 유상 반환에 대항해 동척이 토지를 무상 반환할 때까지 소작료를 불납한다는 방침을 결정했다. 나주경찰서는 1925년 10월에 토지 무상 반환을 주장하거나 소작료불납동맹과 같은 불온한 행동을 제재하겠다며 토지회수운동동맹 지도부를 소환·취조했다. 또 동척 목포지점장은 "소작인 중에 불온한 자가 발견될 경우 일단 경고하고, 심한 경우 소작권을 박탈하겠다. 만일 다수가 모여 요구를 관철하려 한다면 국법으로 다스리겠다"는 경고문을 발표해 농민들과 동척·경찰의 관계는 더욱 악화되었다.

한편, 토지회수운동동맹은 11월 8일에 "궁삼면 토지는 조상 전래의 사유지임이 확실하다. 우리는 동척의 소유권을 인정할 수 없다. 분골쇄신해 토지를 회수할 때까지 퇴각하지 않겠다"고 결의하고, 1,500~1,600여 명이 서명한 서약서를 일본 정부와 총독부, 전라남도 도청에 제출했다. 서약서 전문은 다음과 같다.

우리는 궁삼면 토지 회수 동맹 조건에 철저하게 결심한 단체이다. 우리는 생사를 같이하고, 안락을 공존할 목적으로 일제히 단발해 성의를 표시하고, 피로 혈심을 나타내어, 지금 동척이 어떠한 강제 수단을 동원하더라도 조금도 후회하지 않고, 물불을 가리지 않고, 안전한 생활을 도모할 목적으로 연서 날인해 이에 서약한다.

농민회와 토지회수운동동맹 지도부는 11월 16일에 면민 대회를 개최해 서울에 거주하는 정병조를 농민회 고문으로 선정하고, 소작료불납동맹의 묵약, 각 구마다 야학회를 설치해 농민들을 교육시켜 인재를 양성한다고 결의했다.

그런데 소작료불납동맹을 위반한 사건이 발생했다. 농민 중에 동척 소작인 조합장인 양경묵(梁景黙) 등이 출장원의 감언에 속아 소작료로 약 30석을 납부한 것이다. 11월 26일 세지면 성산리에서 농민 약 1만 여 명이 모여 납부자 처리를 논의하기 위한 면민 대회를 열었다. 농민들은 "우리가 혈서 동맹까지 했음에도 일부 사람들이 동척에 매수당해 자기들만 우량 소작인이 되어 토지를 양도받고자 한 것은 용서할 수 없다"며, 양경묵 등 소작료 납부자들을 농민회 사무소로 납치했다.

나주경찰서는 무장 경관과 사복 경관 50여 명을 파견해 경계에 들어갔고, 동척 사원들을 파견해 농민들을 감시했다. 농민들은 "경찰은 동척만 보호하고 면민은 생각하지도 않는다. 면민은 죽음을 무릅쓰고 항쟁해야 한다. 동척을 습격하자"며, 세지면 주재소 주임 순사를 폭행했다. 나주경찰서는 함평, 목포, 영암, 광주 등 각 경찰서에 지원을 요청해 가까스로 이들을 진압했다.

다음 날인 11월 27일, 6,000~7,000명의 농민들이 왕곡면에 모여 다시 토지 문제의 선후책과 소작료 납부자 대응을 논의했다. 여기에는 나주군

1925년 11월 29일 자 『동아일보』 궁삼면 토지탈환운동 기사

출처: 한국역사정보통합시스템

수 안종철(安鍾哲)이 경찰부 고등 과장과 함께 출석했다. 군수는 도 당국에서도 사태 추이를 지켜본다며 소작료 납부를 강요했다. 농민들은 "토지를 반환하라, … 본 년도 소작료 불납을 인정하라"며, 군수의 발언을 막아 대회장은 혼란에 빠졌다. 형세가 불리하게 돌아가자 군수는 경찰의 보호를 받으며 자리를 피해 나주읍으로 돌아가려 했지만, 부녀자를 포함한 농민 약 3,000여 명이 길을 막았다. 군수는 경찰 40여 명의 보호를 받아 동척 이민자 주택으로 피난했고, 무장 경찰과 사복 경찰 70여 명이 경계를 섰다.

11월 28일에는 3,000여 명의 농민들이 영산포 동척 출장소에 모였다. 소작료 납부자가 5~6명이 아니라 총 24명이 납부계약서에 날인했다는 사실을 조사하기 위해서였다. 동척과 교섭한 농민 대표자 3~4명은 소작료 납부자가 6명이라는 사실을 확인했고, 이들을 응징하고자 30~40명이 각지에 내려갔다.

나주경찰서는 무장 출동해 경계했다. 농민들은 경찰의 대응으로 납부자를 응징할 수 없게 되자 경찰들을 구타하고 급기야 나주경찰서를 습격했다. 경찰은 이들 중 주봉순(朱奉順), 나치구(羅致九), 김원석(金元石), 염경선(廉京先), 윤효병(尹孝柄) 등 5명을 검속했다. 나치구는 농민회 위원(개편 이전의 경리부)으로 3일에 걸친 소작료불납동맹 규약 위반자를 응징하는 데 선두에 섰다. 이들은 동척과의 교섭안에 날인한 후 기소유예로 석방되었다.

한편, 경찰은 농민 5명을 검속하고 면민 대회에 해산을 명령했다. 그리고 저항자가 밀집해 있던 각 면과 동에 경찰을 배치해 궁삼면을 철저히 경계했다. 결국 농민들은 규약 위반자의 행방을 파악하지 못하고 영산포

동곡리에서 해산을 결정했다. 대표자는 해산 이유를 다음과 같이 알렸다.

① 3일에 걸친 집회 때문에 생활 자체가 곤란해졌다.
② 소작료 납부자 응징은 토지 회수와 직접적인 이해관계가 없다.
③ 납부자 응징은 각 구역에 일임하고, 생활의 안정을 도모하자.
④ 앞으로의 운동에 대응하자.

새로운 토지탈환운동 방향, 즉 동척 조합장들의 교섭을 계기로 결정된 무상 반환 요구 의지에는 변함이 없지만, 소작료 납부를 둘러싼 동척 조합장 응징으로부터 식민지 권력인 동척을 상대로 한 토지탈환운동으로 방향을 전환한다는 의미였다.

14
토지 문제의 사회화

　토지회수운동동맹과는 관계없이 농민회 지도부인 이화춘·이제호·권평원이 정병조와 혼조 나미에에게 토지 문제에 대한 위임장을 교부함으로써 토지탈환운동은 새로운 국면을 맞게 되었다. 농민회와 토지회수운동동맹 지도부는 앞에서 말한 바와 같이 11월 16일에 면민 대회를 개최하여 정병조를 농민회 고문으로 추대했고, 농민회의 위임을 받은 정병조는 곧바로 동척 목포지점과 교섭했다.

　교섭 내용은 동척에게 소작료 징수 중지를 요구하고 경찰 당국에게도 토지탈환운동에 간섭하지 말라는 것이었다. 그러나 동척 사원과 경찰 관헌은 11월 25~26일 면내에 들어와 소작료를 강제 징수했다. 이에 대응하여 농민들은 소작료불납동맹을 조직하여 납부자를 응징하기 위한 3일간의 투쟁을 전개했다.

　한편, 정병조는 "오늘날은 과거와 달리 문화정치를 표방하는 시대이다. 특히 현 내각과 연계된 헌정회(憲政會)의 유력자인 혼조 나미에와 손잡고 궁삼면 사건 해결에 관한 문서를 각 대신에게 제출할 생각이다. 면민은 굳건히 단결하여 법률 질서의 범위 안에서 열렬히 운동해야 한다"며, 일본 중앙정부와 조선총독부에 탄원하겠다는 명목으로 백지에 농민들의 날인을 받았다.

농민들 사이에서는 그의 행동이 사리에 맞지 않는다는 의혹이 일기도 했다. 더욱이 정병조가 동척·경찰과 교섭하자 12월 3일에 전라남도 경찰부장은 농민들에게 경고문을 발표하며 엄중 경고했다.

① 많은 사람이 모여 폭행·협박을 하는 자.
② 공무원의 직무집행을 방해하는 자.
③ 다른 사람의 권리를 방해하는 자.
④ 다른 사람에게 위해를 가하거나 가하려 하는 자.
⑤ 불온한 유언비어를 유포하는 자.
⑥ 다른 사람을 사주 선동하여 불온한 행동을 일삼으려는 자.

정병조에 대한 불신은 날로 높아져 농민들은 일련의 사태에 대한 대책을 모색했다. 토지회수운동동맹 간부는 농민회 간부 일부가 동맹의 의지를 무시한 채 위임장을 건네준 것은 부당하다며 정병조와 체결한 위임의 취소를 요구했다. 또 정병조의 활동에 대해 "원래 정병조는 사기꾼이란 말이 있다. 지금 경성국민공진회(京城國民共進會) 회장이라 칭하고 있지만 이번 일은 개인적인 욕심을 채우기 위한 호기를 얻은 듯 행동했다. 또 3만 원의 운동비를 보조해야 한다는 등 호언을 일삼고 있다. (중략) 결국

1926년 3월 8일 자 『시대일보』 후세 변호사 궁삼면 방문 기사

출처: 한국역사정보통합시스템

면민의 운동을 수포로 만드는 것이므로 활동을 중지시켜야 한다. 또 정병조의 태도를 조사할 필요가 있다"며, 그와 연관된 농민회 지도부의 움직임을 견제했다. 즉, 토지회수운동동맹은 토지 문제를 '외부 위임'이라는 농민회의 노선을 부정한 것이다. 이렇게 토지탈환운동은 위임에 의한 해결이라는 농민회의 노선과 이에 반대하는 토지회수운동동맹의 노선으로 분열되었다.

토지회수운동동맹은 토지가 동척에 수탈당한 것을 다른 지역에 알리고 일본 중앙정부에 토지 반환을 탄원하기 위해 대표자를 선출했다. 파견 대표로 선출된 박승효·이제호·염경선·권평원·유영훈·나재기·나성채·최태중·이화춘은 12월 7일에 서울로 출발했다. 이들은 12월 12일에 서울에서 정병조와 이화춘·권평원·나재기·박승효 등을 대표로 선출하여 일본 도쿄로 파견해 혼조와 함께 관계자를 방문하고 제국 의회에 청원을 시도했다. 정병조에 대한 불신에도 불구하고 동척 본사와 일본 중앙정부에 탄원함으로써 토지 문제를 해결하려 한 것이다. 정병조는 농민회 결성 이전부터, 특히 토지 문제 위임을 둘러싸고 궁삼면에 깊숙이 관여했던 파견 대표들이 귀국한 이후 관헌으로부터 사건에 개입하지 말라는 강압을 받은 뒤 토지 문제로부터 멀어졌다.

한편, 대표자 파견을 계기로 무상 반환과 유상 반환의 분열은 통합되었다. 토지회수운동동맹의 위임장 취소 요구는 이루어지지 않았지만, 대표자 일본 파견이라는 새로운 전략이 양 단체에 의해 이루어진 것이다. 하지만 12월 12일에 일본에 파견된 4명은 혼조와 함께 의회 청원을 계획하였지만 모두 실패하고 말았다. 이후 척식국 및 관계 방면에 진정서를 제출하고 동척을 상대로 민사 소송을 제기하려 했다. 이때 농민 대표는 토지 문제 상담과 소송을 의뢰하기 위해 변호사 후세 다쓰지[布施辰治]를 방문했다. 이들은 소작료불납동맹 결성 과정에서 작성된 혈서와 혈판을 그에게 보여 주었고, 이를 계기로 후세의 한국 방문이 이루어졌다. 후세는 "진짜 혈서와 혈판을 본 것은 궁삼면 사건의 서약서가 처음이다"라고 말했다.

이후 토지탈환운동은 밖으로는 일본에 대표자를 파견하고, 안에서는 소작료회수운동으로 전개되었다. 농민들은 동척의 토지 매수 이후 10여 년간의 소작료 13만 6천 석, 그 대금 207만 6천 원을 돌려받기 위해 면민 일동의 연서로 된 청구 문서를 작성했다. 이는 단순히 소작료 불납만이 아니라 지난 15년간 납부한 소작료 반환을 요구하는 운동으로 발전한 것이었다.

대표자 일본 파견을 전후로 궁삼면 토지 문제는 다른 지역으로도 확대되어 사회 문제가 되면서 각지의 사회단체로부터 관심을 받았다. 전라노농연맹회의 궁삼면 사건에 관한 결의, 조선노농총동맹의 중앙 집행 위원 파견과 진상조사, 경성인쇄직공조합 긴급 위원회 결의, 전라북도 부안군 백산면 원천소작동우회의 격려문, 광주 우기노농청년회 및 동 소작인회의 결의 등이 이어졌다. 우기노농청년회 및 동 소작인회의의 결의는 다음과 같다.

동지여! 그대들의 슬픔을 우리가 잘 알고 있다. 강자의 오랜 착취와 압박에 참을 수 없어 결사적 의분을 절규하는 것이 그대들의 현실이 아니던가. 힘차게 싸워라! 그대들의 이상이 실현될 때까지! 세계 인류의 자유와 평화를 위해 생명을 희생하더라도! 살기 위해서는 죽음을 불사하라! 힘차게 싸워라! 정의 앞에 마물(魔物)은 모두 무너진다. 그대들 앞에는 승리가 있을 뿐이다. 동지여, 형제여!

파견 대표자의 요청으로 이루어진 후세의 한국 방문은 이러한 움직임을 가속했다. 후세는 1926년 3월 2일 도쿄를 출발하여 5일 영산포에 도착했다. 나주경찰서는 후세의 한국 방문을 저지하려 했다. 또 총독부는 후세의 조사가 한국 농민을 자극하고 동척을 위태롭게 할 것이라며, 방문하면 경찰 권력을 동원해 면민 압박을 가중하겠다고 협박했다.

그럼에도 후세는 3월 5일 파견 대표자였던 이화춘·권평원의 환영을 받으며 영산포에 도착했고, 곧바로 개별 조사와 실지 답사를 했다. 후세는 먼저 실지 면적을 조사하고, 민유지라는 근거, 동척으로 편입된 과정,

궁삼면을 방문한 후세 다쓰지

출처: 일본 국립공문서관

앞으로의 토지 문제 해결 방안 등을 묻는 조사표를 작성했다. 당국은 엄중한 경계를 펼치며 후세와 면민의 만남을 방해하는 한편, 농민 대표를 경찰부로 불러 총독부 조정안에 동의할 것을 강요했다.

후세의 궁삼면 방문으로 토지 문제는 새로운 국면을 맞았다. 그는 3월 8일에 궁삼면 토지 문제 조사 결과를 서울 혹은 도쿄에서 공개하겠다고 약속했다. 이후 4월 5일에 도쿄 우에노 공원 자치회관에서 '조선의 산업과 농민운동'이라는 조선 문제 연설회를 통해 조사 결과를 공개했다.

15

궁삼면 토지 문제 '해결안'

　동척과 총독부는 궁삼면 토지 문제가 사회적으로 불거지자 정치적 해결에 착수했다. 소작료불납동맹 결성을 둘러싼 3일간의 소동 이후 도쿄의 동척 본사에서는 목포지점장 요시다 에이사부로[吉田英三郎]를 불러 해결안을 협의했다. 그리고 1926년 1월에 동척 이사 사이토 시게사부로[齊藤重三郎]가 토지 개량부를 개설한다는 명목으로 궁삼면 사건의 대책을 강구하기 위해 한국을 방문했다. 사이토는 궁삼면을 시찰한 후 토지는 법률상으로 동척 소유지만, 정치적인 견지에서 이 문제를 해결해야 한다고 인식했다.

　총독부도 이 문제를 신속히 해결해야 한다고 인식하고, "이 문제는 단순히 경찰의 문제가 아니라 농정과도 중대한 관계가 있다. 식산국 및 도청과 함께 협의해야 한다"며 경무국장을 통해 조정에 들어갔다. 궁삼면 사건은 당국의 표현대로 '조선 총독부의 현안이자 동척의 암'으로 불릴 정도로 심각했다. 이는 다른 동척 사유지에서도 비슷한 분쟁이 일어날 것을 우려했기 때문인데, 이 역시 궁삼면과 같은 성격임을 의미하는 것이다.

총독부 경무국은 조정을 통한 문제 해결, 즉 법률적으로 궁삼면 환부는 불가능하지만 총독부 중재에 의한 무상 양여 혹은 매매 형식으로 쌍방을 중재하겠다는 것이었다. 1월 25일에 경무·농무·동척 당국자와 전라남도 경찰부장은 총독부 경무국에서 토지 문제 '해결안'에 대한 의견을 나누었다. 그리고 나서 총독부가 궁삼면 토지 일부를 배상(=매수)하여 국유지로 편입한 후 농민에게 불하한다는 계획을 세웠다. 무상 양여와 매매라는 두 조정안 중 후자를 구체화한 것이었다.

토지 문제를 정치적으로 해결하려는 당국의 시도와 함께 농민들에 대한 탄압은 계속되었다. 나주경찰서는 2월 28일에 궁삼면 농민회 간판과 문서를 압수하고, 대표자를 호출하여 총독부 조정안에 동의할 것을 강요했다. 이러한 정황을 볼 때 총독부 조정안이란 그 내용을 농민들에게 정정당당히 명시할 수 있는 해결책이 아니었음을 알 수 있다. 지난 경험으로 볼 때 농민들은 결코 받아들일 수 없는 방안으로 생각했다. 3월 5일, 당국은 농민 대표를 전라남도 경찰부로 호출하여 다음 문서를 작성하게 했다.

당국으로부터 궁삼면 사건에 대한 면민의 희망 조건을 제출하라는 지시가 있었다. 그러나 우리는 적당한 안을 결정하기 어렵다. 당국에서 알선하여 하루라도 빨리 발표하기 바란다. 또한 위원 일동은 당국의 조치에 이의를 제기하지 않을 것을 서명·날인한다.

- 布施辰治,「旅行槪要」 24~25쪽

이 문서에는 농민 대표로 이화춘·나상문·박승재·정치홍·최관진이 서명·날인하였으며, 입회인으로는 나주군수, 나주경찰서장 등이 참석했다. 문서 내용은 농민들이 당국에 토지 문제 해결을 의뢰하는 형식을 취하고, 당국이 이를 받아들여 동척과 교섭한다는 것이다.

그러나 농민들은 운동 전개 과정에서 무상 반환 방침을 명확히 밝혔다. 또 서명·날인한 위원 5명 중 동척 조합장인 최관진이 포함된 점을 들어 '위원은 자기가 위원이라는 의지가 없는 자를 관헌 측에서 마음대로 뽑은 것'이고, 더욱이 '관헌 측이 임의대로 만든 초안'임을 알렸다. 동척과 총독부는 이른바 농민 대표(위원) 서명·날인이라는 형식을 통해 관헌이 주도한 '해결안'을 사전에 준비한 것이다.

토지 문제는 이 해결안에 따라 수습되어 갔다. 전라남도 지사의 유고(諭

토지 문제 해결을 위해 궁삼면을 방문한 관계자들

출처: 일본 국립공문서관

告) 및 동척 총재의 궁삼면 토지 분양 취지 요령을 종합하면 다음과 같다.

① 계쟁지의 총 면적은 2,500정보이다.
② 묘전 40정보는 즉시 무상으로 양도한다.
③ 집터 60정보는 즉시 무상으로 양도한다.
④ 밭 400정보는 법정 지가로 양도한다(연 1할 이자로 10년 이내 연부 균등 상환).
⑤ 논 2,000정보(이 중 동척이 1,000정보 소유, 나머지 1,000정보는 법정 지가의 2배로 연 1할 이자로 10년 이내 연부 균등상환).
⑥ 소작인인 연고자는 1호당 평균 전답을 포함해 5반보(밭 2반보, 논 3반보를 표준)를, 면내 거주 소작인인 비연고자(분가 혹은 중간 소작 등으로 소작인 명부에 오르지 않은 자) 281호에게는 평균 전답을 포함해 3반보(밭 1반보, 논 2반보를 표준)를 양도한다.
⑦ 묘전 및 집터 양도지는 동척이 결정한 곳으로 한다(면민은 산간지방 논을 받고, 동척은 경작하기에 알맞은 곳의 논을 획득).
⑧ 양도인이 토지 대금의 반액 이상을 납입했을 때는 해당 토지를 담보로 소유권 이전이 가능하다.

이에 대해 동척은 "많은 희생을 감수하면서 여러분에게 분양할 수밖에 없는 상황에 이른 것은 지극히 유감이다"라고 말했다.

그러나 분양 조건에서 알 수 있듯이 양도가 결정된 전답은 각각 조건부였고, 특히 논에 대한 조건은 가혹했다. 더욱이 분양 종료 후에도 토지 절반은 여전히 동척 사유지로 남았다. 결국 총독부의 조정 방침, 즉 동척으로부터 매수하여 불하한다는 정책의 대상이 된 것은 묘전과 집터 등 100정보뿐이었다. 조정안은 국내 여론을 일시적으로 잠재우기 위한 조처에 불과했다.

토지 탈환을 위해 장기간 싸워 온 농민들이 얻은 것은 이것뿐이었다. 농민들은 이에 승복할 수 없었다. 무조건적인 토지 탈환과 토지 탈환을 방해하는 식민지 권력을 타도하려는 농민들의 의지는 1930년대에 들어 새로운 형태로 나타났다.

....

나가며

조선 후기 이후 농업 생산력 확대와 상품·화폐 경제 발전을 기반으로, 다른 지역과 마찬가지로 나주 지역에서도 종래의 신분제적 토지 소유 관계가 해체되면서 농민들의 토지 소유가 확대되었다. 한편 왕실을 중심으로 한 관료와 양반 지주도 도매 투탁에 의한 토지 겸병을 증대해 나갔다.

궁삼면의 토지가 궁장토로 편입된 것은 조세 납부 시 대납 계약 조건을 악용한 경저리(경주인)가 경선궁에 도매하는 형태로 이루어졌다. 농민들은 이 단계에서 봉건 권력의 수탈과 구조의 모순을 인식하고, 대납 계약 조건에 의거해 경저리의 불법적인 결세 징수를 고등 재판소에 제소하여 경선궁에 편입된 것이 부당함을 주장했다. 고등 재판소의 판결과 임시 제실유 및 국유재산조사국의 조사국 통첩 제50호의 공포에 따라 농민들의 주장은 정당함을 인정받았다. 그러나 경선궁 측은 지방 봉건 관료를 동원하여 궁삼면을 다시 궁장토 소유로 만들었다.

탁지부는 역둔토 조사 사업이 진행되었을 때, 칙령 제39호를 공포하여 경선궁장토를 국유지로 편입했다. 하지만 경선궁이 다시 청원하자 궁삼면을 경선궁 사유지로 사정했다. 국유지로 편입되었던 토지를 다시 경선궁 사유지로 사정한 것은 국유지 정리 방책의 전형으로, 농민들과 궁가의 분쟁을 토지 집적의 호기로 삼아 토지를 매수하는 동척의 한국 수탈을 단적으로 보여 주는 대목이다.

동척은 식민지 지배 체제 정비 과정에서 일본인 이민 수용지를 확보하고자 비옥한 삼남 지방을 매수하기 위해 적극적으로 나섰다. 특히 배후에 목포가 있고, 다양한 작물, 주변 교통 등 객관적으로 여러 가지 이점이 있는 궁삼면을 최초의 매수 대상지로 주목했다. 동척은 궁삼면에 토지 매수반을 파견하고, 경선궁에는 보증 문서를 교부함으로써 불법적으로 토지를 매수했다.

동척은 토지 매수 직후 곧바로 소작료 강제 징수에 나섰지만, 농민들은 소작료불납동맹을 결성하고 지세납부운동을 전개했다. 또 토지 소유권 확인 소송 및 토지 소유권 청구 소송을 제기하는 등 다양한 방법으로 운동을 전개했다. 하지만 토지조사사업 당시에 이루어진 일련의 판결에 따라 토지 소유권이 법적으로 동척에 있다는 결론이 내려졌다. 농민들이 제기한 소유권 확인 및 증명 말소 소송도 관헌 측의 무력 탄압으로 좌절되고 말았다.

동척의 궁삼면 토지 집적은 농민들의 토지 소유권을 불법으로 매수했다는 면에서 다른 지역의 동척 경영과 달랐다. 동척은 소작인의 저항을 진정시키기 위해 각종 관개시설을 정비하고, 비교적 낮은 비율의 소작료를 정하는 등 온건·회유책을 제시했다. 그러면서 일본인 이민을 토지 지배의 첨병으로 활용했고, 이민 입식지를 확보하기 위해 농민들의 경작권을 박탈했다.

3·1운동 이후의 한국농민운동은 소작료 인하와 소작권 이동 등을 위주로 한 소작 쟁의 형태로 인식되었다. 궁삼면의 경우에서 알 수 있듯이, 당시 농민들은 경제적 분배 문제를 둘러싼 소작 쟁의는 물론, 토지 소유권 자체의 반환을 요구하는 토지탈환운동도 활발히 전개했다. 동척의 토지 집적은 농민들의 토지 소유를 근저에서부터 부인한 것이었고, 이로 인해 동척의 토지 경영 방식이나 농민들의 대응 방식도 바뀔 수밖에 없었던 것이다. 이러한 동척의 토지 집적 방식이 다른 일본인 지주의 토지 집적에도 커다란 영향을 끼쳤음은 두말할 나위도 없다. 동척의 궁삼면 토지 집적과 법적 소유권 획득 과정은 일본인 지주의 토지 집적의 전형을 보여준 사례였다.

궁삼면 지역의 농민운동은 동척의 불법적인 토지 집적에 대항하여 토지 소유권 자체를 반환받고자 한 토지탈환운동으로, 농민운동사의 한 획을 긋는 중요한 사건이다. 수세대에 걸쳐 전개된 농민과 지주, 농민과 관헌의 분쟁, 그리고 지주와 관헌의 폭력성 등 당시 한국 농민이 처한 모든 문제가 궁삼면 투쟁으로 표현되었다고 해도 과언이 아니다.

한국의 민족운동은 3·1운동을 계기로 부르주아지를 중심으로 한 운동에서 노농 대중을 주체로 한 운동으로 전환되었다. 각 지방에서 청년 지식인의 주도 아래 노동농민단체가 결성되어 민중이 직면한 생활고를 해결해 나갔다. 궁삼면 농민들도 토지탈환운동을 효과적으로 추진하기 위해 농민회를 조직했다. 농민회 지도부는 동척의 불법적인 토지 집적이 식민지 권력에 의해 법적으로 확정된 상태였기 때문에 전략적으로 유상 반환 방안을 시도했다.

그러나 대다수 농민은 끝까지 무상 반환을 요구하며 궁삼면 토지회수운동동맹을 조직했다. 동척은 동척 소작 조합장들을 통해 농민층 내부를 분열시켜 토지 유상 양여와 소작료 인하 등을 내용으로 한 교섭안을 제시했다. 농민들은 동척의 회유책에 편승해 소작료를 납부한 동척 소작 조합장들을 응징하고, 이를 옹호하는 식민지 권력에 대항하는 등 토지탈환운동은 새로운 국면으로 접어들었다.

운동이 장기화하고 사태가 악화될 것을 우려한 총독부는 토지 문제를 서둘러 수습하려 했다. 외부 운동가의 관여를 철저히 차단하고 일부 농민 대표를 회유하여 당국에게 토지 문제를 위임하는 형태로 무상 반환 요구를 무시하면서, 유상 반환 방식으로 해결하려 한 것이다. 하지만 농민들의 의지는 꺾이지 않았으며, 1930년대에 새로운 조직을 만들어 투쟁을 이어 갔다.

해방이 되자 궁삼면 농민들은 땅을 찾으리라는 희망으로 농민회를 재건했다. 농민회는 동척과 벌였던 투쟁을 이어 무상 분배의 구호를 내걸었다. 이들이 동척 영산포 출장소를 접수하고 의욕적으로 활동하던 중 미군정의 신한공사가 동척이 관리하던 땅을 차지했다. 궁삼면 농민들의 토지는 다시 미군정의 신한공사로 넘어가고 말았다.

이후 대한민국 정부가 수립되자 궁삼면 농민 대표들은 1949년 7월 약 2,500명의 연서로 궁삼면 토지 반환 청원서를 국회에 제출하며 해결을 촉구했다. 이듬해 2월 국회는 나주 출신 국회의원 이항발·김상호의 적극적인 지원과 현지답사를 한 의원들의 보고를 토대로 정부에 무상 반환을 요구하는 건의안을 압도적으로 통과시켰다.

그러나 4개월 후 한국전쟁이 터지면서 이 건의안은 휫짓조각이 되고 말았다. 결국 궁삼면 토지는 농지 개혁법에 의거하여 다른 귀속 농지와 같은 조건으로 이들에게 분배되었다. 궁삼면 농민들의 피어린 토지 탈환 투쟁을 대한민국 정부조차 '법적 해결'로 마무리한 것이다. 농민들이 땅을 되찾기 위해 60년 이상 줄기차게 투쟁한 역사는 전무후무하다. 따라서 궁삼면 토지 탈환 투쟁은 한국농민운동사의 찬란한 금자탑이라 할 수 있다.

참고문헌

- 李圭洙(1996), 『近代朝鮮における植民地地主制と農民運動』, 信山社.
- 박이준(2007), 『한국 근현대 시기 토지탈환운동 연구』, 선인.
- 나주문화원(2000), 『항일의 역사 궁삼면 토지회수운동』, 내일미디어.
- 이규수(2000), 「전남 나주군 '궁삼면'의 토지 소유 관계의 변동과 동양척식주식회사의 토지 집적」, 『한국독립운동사연구』 14, 독립기념관 한국독립운동사연구소.
- _____(2001), 「일제하 토지회수운동의 전개 과정-전남 나주군 궁삼면의 사례」, 『한국독립운동사연구』 16, 독립기념관 한국독립운동사연구소.
- 박이준(2003), 「미군정기 나주 궁삼면 농지탈환운동의 전개 과정」, 『지방사와 지방문화』 6-1, 역사문화학회.
- 張錫興(1989), 「광주학생운동의 사회경제적 배경-榮山浦를 중심으로」, 『역사비평』 8, 역사비평사.
- _____(1990), 「일제하 榮山浦 식민기지의 형성」, 『한국학보』 58, 일지사.
- 정승진(2017), 「장기사의 관점에서 본 羅州의 농지 개혁-全南 羅州郡 金川面의 사례」, 『대동문화연구』 98, 성균관대학교 대동문화연구원.
- 함한희(1991), 「해방 이후의 농지 개혁과 궁삼면 농민의 사회경제적 지위 및 그 변화」, 『한국문화인류학』 23, 한국문화인류학회.
- _____(1992), 「朝鮮末·日帝時代 宮三面農民의 社會經濟的 地位와 그 變化」, 『한국학보』 18-1, 일지사.
- 최원규(2018), 「융희년간 일제의 국유지 조사와 법률적 성격-전남 나주군 궁삼면 고등법원 판결문을 중심으로」, 『한국민족문화』 69, 부산대학교 한국민족문화연구소.
- 權寧旭(1968), 「東洋拓植株式會社と宮三面事件」, 『朝鮮研究』 8, 朝鮮學會.
- 安秉珆(1976), 「東洋拓植株式會社の土地收奪について」, 『龍谷大學社會科學年報』 7, 社會科學研究所.

찾아보기

3·1운동 69~72, 75, 82, 102

• ㄱ •

강석봉(姜錫奉) 79
강석호(姜錫鎬) 32
경선궁 10, 20, 30~35, 37, 39, 40~42, 49~51, 61~66, 77, 100, 101
경선궁장토 30, 31, 34, 41, 50, 61, 101
경성국민공진회 89
경성노동회 79
경우궁 24, 26~28
경우궁장토 26
경저리 21~28, 100
광주 61, 63, 65, 67, 70, 71, 85, 92
광주 지방 법원 61, 63, 65, 70
광주청년회 79
국유지 13, 35~37, 40, 41, 43, 46, 96, 101
궁감 40, 49, 50
궁금령 36
궁내부 31, 33, 35~37, 40, 41
궁삼면 7~10, 12~15, 18~21, 23~28, 30~42, 47~60, 63, 67, 70~79, 81~84, 86, 89, 91~98, 100~104
궁삼면 농민회 74, 75, 77, 79, 81, 96
권평원(權平原) 77, 78, 88, 91, 93
김규식(金奎軾) 23

김기채(金基采) 77
김성기(金聖基) 37~40
김영규(金永逵) 32, 36, 39
김영진(金永振) 33, 36
김운서(金雲瑞) 50
김원석(金元石) 86
김재명(金在明) 79
김태호(金太浩) 79

• ㄴ •

나기림(羅基林) 40, 49
나문관(羅文官) 37
나석운(羅錫運) 77, 79
나재기(羅在基) 77, 79, 91
나정문(羅正文) 67
나주경찰서 73, 74, 83, 85, 86, 93, 96, 97
나치구(羅致九) 77, 86
남북면화주식회사 71
농업 이민 6, 7, 44, 47, 54, 56

• ㄷ •

다시면 10, 53, 57, 70
대구 복심 법원 64
도야마 미쓰루(頭山滿) 74
도장(導掌) 32, 37

동산농사주식회사 15
동양척식주식회사 6, 43, 44, 65, 66
동척 6~8, 15, 47~49, 52~56, 59, 61, 63, 66, 67, 70, 72~74, 77, 81~89, 91, 95~98, 101, 103
동척 이민 55
동척소작인조합 56
두락 14, 22, 50, 61, 77
둔토 13, 37, 101

• ㄹ •

러일전쟁 12, 35, 36, 47

• ㅁ •

마산면 11
만한이민집중론 47
매수지 8, 46, 50
면화구매조합 71
모리시마 다다즈미(森島忠篤) 73
목포 12, 17, 19, 20, 50, 57, 71, 83, 85, 88, 95, 101
문기 24, 25, 27, 31, 39, 40
민종렬(閔種烈) 26, 28, 29
민중겸(閔仲兼) 23, 33

• ㅂ •

박규양(朴奎陽) 73

박순양(朴順陽) 77
박승규(朴勝奎) 77
박승재(朴勝才) 77, 97
박승효(朴勝孝) 77, 78, 91
박원일(朴元逸) 23
박익서(朴益緒) 77, 78
봉황면 10, 53, 57

• ㅅ •

사유지 37, 40~42, 46, 54, 65, 71, 84, 96, 98, 101
사이토 시게사부로(齊藤重三郎) 95
산미증식계획 57
삼면차견관 32
상곡면 10, 11, 14, 15, 23, 32, 38, 49, 50, 55
서화현(徐化賢) 61
세지면 10, 29, 53, 57, 70, 84, 85
세화면 10, 15
소작료 8, 46, 57, 58, 64, 66, 67, 70, 73, 82~88, 92, 101~103
소작료불납동맹 64, 86, 92, 95
소작지 57
순빈 10, 31, 32, 39, 41, 49
스즈키 상점(鈴木商店) 71

• ㅇ •

아오야기 쓰나타로(青柳綱太郎) 18

찾아보기 · 107

안종철(安鍾哲) 86
양성진(梁成辰) 50, 61, 62
엄주익(嚴柱益) 49
염경선(廉京先) 79, 86, 91
염자옥(廉子玉) 50
영산강 12, 15~17, 19, 20
영산면 10, 53, 57
영산포 12, 13, 15, 17, 20, 50, 56, 60, 66, 67, 70~72, 74~77, 81, 86, 93, 103
영산포청년회 79
영친왕 31, 39
오하시 시게쇼우(大橋重省) 49
와타나베 가쓰사부로(渡辺勝三郎) 73
왕곡면 10, 11, 53, 57, 70, 76, 85
욱곡면 10, 11, 14, 15, 23, 38, 55, 63
유영훈(柳永勳) 77, 91
윤락준(尹洛俊) 67
윤웅렬(尹雄烈) 29
윤효병(尹孝柄) 86
의병운동 7
이강영(李康永) 77
이길노(李吉魯) 39, 40
이길룡(李吉龍) 49
이완(李玩) 79
이용백(李鎔伯) 29, 32, 33
이우규(李祐珪) 29
이정복(李正複) 39, 40
이정채(李正采) 37
이제호(李濟鎬) 77, 79, 88, 91
이토 히로부미(伊藤博文) 39, 49

이항발(李恒發) 79, 103
이화익(李化益) 50
이화춘(李和春) 76~79, 88, 91, 93, 97
이회춘(李回春) 55, 56
일본석방자연맹(日本釋放者連盟) 73
일본아마시석방회(日本尼市釋放會) 73
임공필(林公弼) 23
임시 제실유 및 국유재산조사국 35, 36, 38, 63, 100

• ㅈ •

자벽주사 28
장홍술(張弘述) 50
전남해방운동자동맹 79
전대현(全臺鉉) 27
전성창(全聖暢) 21, 23~34, 36, 39~41, 61
전왕면 10, 15
정명섭(丁明燮) 39, 40
정병조(鄭炳朝) 74, 84, 88, 89, 91
조사국 통첩 제50호 37, 38, 100
조선면화주식회사 71
조선총독부 46, 89
주봉순(朱奉順) 86
지세납부운동 67, 101
지죽면 10, 11, 14, 15, 23, 38, 50, 55

• ㅊ •

채규상(蔡奎常) 28, 29

최병극(崔炳極) 37
최재홍(崔在洪) 77, 79
출자지 7, 13, 46
칙령 제39호 35, 37, 41, 101

• ㅌ •

탁지부 37, 49, 101
토지반환청구소송운동 69
토지조사사업 9, 36, 46, 60, 68, 101
토지탈환운동 8, 9, 57, 68~70, 72, 73, 75,
　　77, 79, 85, 87, 88, 91, 92, 102, 103
토지회수운동동맹 77~79, 81, 83, 84,
　　88, 89, 91, 103

• ㅎ •

한국 강점 6, 7, 35
혼조 나미에(本庄波衛) 74, 88, 89
황필선(黃弼善) 76
후세 다쓰지(布施辰治) 92, 93
후쿠다 야사부로(福田彌三郞) 73

일제침탈사 바로알기 14
동양척식주식회사의 토지 수탈과 궁삼면 토지탈환운동

초판 1쇄 인쇄　2021년 4월 1일
초판 1쇄 발행　2021년 4월 9일

지은이　이규수
펴낸이　이영호
펴낸곳　동북아역사재단

등　록　제312-2004-050호(2004년 10월 18일)
주　소　서울시 서대문구 통일로 81 NH농협생명빌딩
전　화　02-2012-6000
팩　스　02-2012-6189
홈페이지　www.nahf.or.kr
제작·인쇄　청아출판사

ISBN　978-89-6187-631-5
　　　　978-89-6187-482-3(세트)

• 이 책은 저작권법으로 보호를 받는 저작물이므로 어떤 형태나 어떤 방법으로도 무단전재와 무단복제를 금합니다.
• 책값은 뒤표지에 있습니다. 잘못된 책은 바꾸어 드립니다.